日本人が知らない
真実の世界史

覆される定説

副島隆彦
Takahiko Soejima

日本文芸社

はじめに――世界の歴史が大きく分かる

この本は、世界史を勉強するための本だ。世界史をできる限り分かりやすく、その全体像をつかまえて、分かるための本だ。そのつもりで私は書いた。

日本人が、世界史（＝人類史）の全体像を、どこまでも徹底的に簡潔に概観（アウトルック）できることを目指した。私なりのその苦闘の表《あらわ》れだ。

世界の歴史を、たった1冊の本で大きく大きく理解するにはどうしたらいいか。大《おお》風呂敷を広げ、大丼《おおどんぶり》を書いた。それでもなお、この本は世界史の勉強本（ハウツー本）である。それがうまくいったかどうか、読者が判断してください。

私の考えは、「帝国―属国《ぞっこく》関係」が世界史を貫いている、とするものだ（帝国―属国理論）。世界史（人類史）5000年間（たったの5000年だ）は、世界各地に起《た》ち上がったたくさんの小さな民族国家＝国民《ネイション》の興亡である。そして、それらをやがて大きく束ねて支配した帝国《エムパイア》（大国）の存在に行きつく。

そして帝国（大国）は、別の帝国と世界覇権《ワールドヘジェモニー》を目指して激しく衝突する。この構造体《ストラクチャア》（仕組み）は今もまったく変わらない。

私は、拙著『属国《ぞっこく》・日本論』（1997年刊。21年前。44歳のとき）で、「今の日本は、アメリカの属国（従属国、保護国）である」と書いた。以来、ずっと、私は世界は「帝国―属国」関係を中心に動いている、と主張し、論陣を張ってきた。

日本は原爆を2つ落とされて敗戦（1945年8月）した。この後の73年間を、ずっとアメリカの政治的な支配の下で生きてきた。今の日本国憲法（国《くに》の枠組みをつくる最高法規）の上に日米安保条約（軍事条約）があるから、改憲《かいけん》も護憲《ごけん》も虚《むな》しく響く。

アメリカの支配の前は、幕末・明治以来、隠れるようにしてであるが、イギリス（大英帝国《コモンウェルス》）の支配を受けた。

その前は、長く中国（歴代の中華帝国《チュンホアデエグォ》、王朝《おうちょう》）に服属して（後漢《ごかん》帝国の時から）、その朝《ちょう》貢国《こうこく》（トリビュータリー・ステイト tributary state ）であった。

今回は、日本史から離れて、私はもっと広く大きく世界史についての本を書くことにした。初めは、本書の書名《タイトル》を『「帝国―属国」理論《セオリー》から分かる3200年の世界史』にしようと編集長と話して、決めていた。

世界史の始まり
この本を貫く全体像

古代オリエント・肥沃な三日月地帯

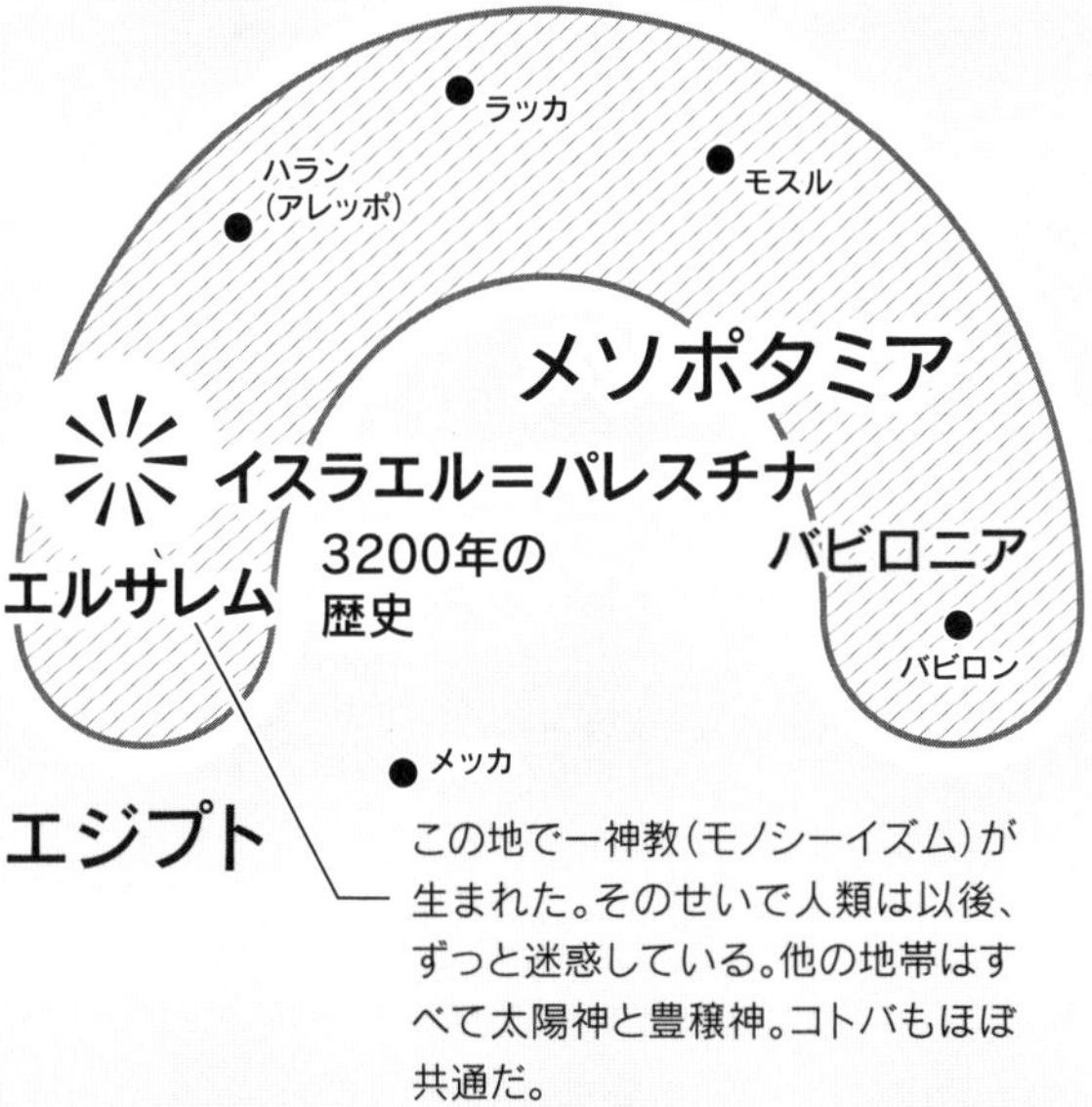

エジプトとメソポタミア（バビロニアを含む）どちらも

5000年の歴史

しかしこれでは、ちょっと意味が読者に伝わらない、ということで『日本人が知らない 真実の世界史』にした。

私の歴史観《ワールド・ビュー》として、人間（人類）を貫く法則は、3つある、と考えている。まず、

1. 食べさせてくれの法則。まず、なぜだか分からないが、50万人ぐらいの人間の群れがいる。この人々は、「私たちを食べさせてくれ。食べさせてくれ」と切望する。そこへ「よし。私が食べさせてやる」と、企業経営者のような、暴力団の大親分《おお》のような人間が現れる。

そしてこの人物による厳しい統治《とうち》と支配《しはい》が行なわれる。これが国王である。

今の大企業（中小企業も）のサラリーマンたちと、経営者の関係もこれだ。「自分と家族が生きてゆく給料さえ、きちんと払ってくれれば、あなたの言うことを聞いて働きますよ」だ。これが私がつくった「食べさせてくれ理論」だ。

2. ドドドと遊牧民《ノウマド》が北方の大草原から攻め下《くだ》る。そして低地（平地）に住む定住民（農耕民《アグラリアン》）の国に侵入し、占領支配する。

「古代ユダヤ人の子孫は パレスチナ人だ」(サンド教授)

世界史の新発見！　サンド教授の本の紹介記事

「古代ユダヤ人の子孫はパレスチナ人」

建国60年 イスラエルでベストセラー

【エルサレム＝村上伸一】建国から今月60年を迎えたイスラエルで、建国の原動力である「シオニズム運動」の根拠を否定する著書がベストセラーとなっている。題名は「ユダヤ人はいつ、どうやって発明されたか」。

シオニズム運動は、古代に世界各地へ離散したユダヤ人の子孫が「祖先の地」に帰還するというもの。著者はユダヤ人でテルアビブ大学のシュロモ・サンド教授(61)＝歴史学。3月にヘブライ語で出版され、アラビア語やロシア語、英語に訳される予定だ。

著書では、今のユダヤ人の祖先は別の地域でユダヤ教に改宗した人々であり、古代ユダヤ人の子孫は実はパレスチナ人だ――との説が記されている。

サンド教授

サンド教授は「ユダヤ人は民族や人種ではなく、宗教だけが共通点」と指摘。第2次世界大戦中に約600万のユダヤ人を虐殺したナチス・ドイツが、ユダヤ人は民族や人種との誤解を広めたとする。

そのため、イスラエル政府が標榜する「ユダヤ人国家」には根拠がないと批判。「パレスチナ人を含むすべての市民に平等な権利を与える民主国家を目指すべきだ」というのが著者の最大の主張だ。

シオニズム運動は欧州で迫害されたユダヤ人たちが19世紀末に起こし、「ユダヤ人国家の再建」を目指した。運動の根拠になったのは、ユダヤ人が紀元後2世紀までにローマ帝国に征服され、追放されたという「通説」だった。

これに対し、教授は「追放を記録した信頼できる文献はない。19世紀にユダヤ人の歴史家たちが作った神話だった」との見解だ。

教授によると、古代ユダヤ人は大部分が追放されずに農民として残り、キリスト教やイスラム教に改宗して今のパレスチナ人へと連なる。イスラエル初代首相ベングリオンらが建国前に著した本の中で、パレスチナ人たちをユダヤ人の子孫と指摘していた。ユダヤ人入植で対立が深まる中で、パレスチナ人を子孫とは言わなくなったという。

2008年5月31日付　朝日新聞夕刊
傍線著者

古代ユダヤ人のほとんどが追放されずにユダヤ教から改宗して農民として残った。即ち、ペリシテ人になった。それが今のパレスチナ人である。著者である私は、2008年のこの記事に衝撃を受けた。

50万頭ぐらいの馬や羊を引き連れて、このドドドと攻め下る遊牧民（騎馬隊）が世界史（人類史）をつくったのである。

中国の歴代の王朝（帝国）は、このようにして「北方（あるいは西方からの）異民族」である遊牧民によってつくられた。これが私がつくった「ドドド史観」である。

そして、日本はこの2000年間、中国文明（漢字《かんじ》の文明。黄河、長江《ちょうこう》〈揚子江とは言わない〉文明）の一部である。日本は、中国漢字文明の一部なのである。

私がこれを書くと、嫌われるのは分かっている。しかし大きく考えると、どうしてもこうなる。

中央アジアも、中東（アラブ、イスラム教世界）も、そして西洋（ゲルマン諸族という遊牧民《ノウマド》の移動もその一つ）も、こうして「ドドドの遊牧民」によってつくられたのである。

16世紀（1500年代）から海（船）の時代（大航海時代《ザ・グレイト・ナヴィゲイション》）が来て、それは終わった。

西欧に近代《モダーン》が始まった。私たちはこれに支配された。だが圧倒的に強い西洋人のモダーン（近代）と言っても、たかが500年に過ぎない。そして現在に至る。

3．熱狂が人類史をつくる。あるとき、何だか分からないが、ドカーンと激しい熱狂《ユーフォリア》が生まれて、多くの人が幻想に取りつかれて、その熱狂、熱病に罹《かか》る。それは地域《リージョン》を越えてワーッとものすごい速さで広がる。それが大《だい》宗教である。世界5大宗教（ユダヤ教、キリスト教、イスラム教、仏教、儒教）だ。

人々は救済《サルヴェーション》と理想社会の実現（顕現《けんげん》）を求めて、熱狂に取りつかれる。これで、大きな対外戦争までたくさん起きる。そしてそのあと、人間の救済はなくて、大きな幻滅が襲って来る。人間は、この大幻滅の中でのたうち回って苦しむ。人間（人類）の救済はないのである。

人類の20世紀（1900年代）に現れた、共産主義（社会主義）という貧困者救済の大《だい》思想も、この熱狂である。人類の5大《だい》宗教とまったく同じである。この共産主義（社会主義）に、恐怖、反発して反共《はんきょう》思想も生まれた。これも熱狂《ユーフォリア》の亜《あ》種である。

これが私がつくった「熱狂史観」である。

私は、自分が20年前につくった、この「人類史の3つの性質」（史観）を土台にして、この本では、さらに次の4冊の大著《たいちょ》に依《よ》った。

1. 『第13支族《しぞく》』――"The Thirteenth Tribe, 1976"――アーサー・ケストラー著。

2. 『幻想（想像）の共同体』――"Imagined Communities: Reflections on the Origin and Spread of Nationalism, 1983"――ベネディクト・アンダーソン著。

3. 『ユダヤ人の発明』――"The Invention of the Jewish People, 2008"――シュロモー・サンド著。

4. 『サピエンス（全史）』――"Sapiens: A Brief History of Humankind, 2014"――ユヴァル・ノア・ハラリ著。

この4冊である。

この近年（決して古い本ではない。すべて、最近の世界史の本だ）の優れた、かつ、世界中の優れた知識人、読書人層から注目されている4冊の大著から学び、使うことで、私はこの「世界史が簡潔に大きく分かる本」を補強した。

世界の先端知識人に注目される近年の4冊の大著

私の本はこの4冊に依拠する

1 『第13支族』
The Thirteenth Tribe, 1976
日本語版の書名は『ユダヤ人とは誰か』
アーサー・ケストラー著
Arthur Koestler

2 『幻想の共同体』
Imagined Communities, 1983
日本語版の書名は『想像の共同体』
ベネディクト・アンダーソン著
Benedict Anderson

3 『ユダヤ人の発明』
The Invention of the Jewish People, 2008
日本語版の書名は『ユダヤ人の起源』
シュロモー・サンド著 *Shlomo Sand*

4 『サピエンス』
Sapiens : A Brief History of Humankind, 2014
日本語版の書名は『サピエンス全史』
ユヴァル・ノア・ハラリ著 *Yuval Noah Harari*

私が何をもって、今の日本人にとって「世界史の大きな分かり方」とするか。さらには「これまでの定説がいくつも覆《くつがえ》される」とするか。それは、この本を読んでくだされば分かる。

ものごとは、大きく大きく、スッキリと分かることができなければ意味を持たない。大きな真実は小賢しい嘘と怯懦《きょうだ》を、長々とこねくり回さない。巨大な真実をバーンとはっきり書かなければ、どうせ私たちの生活の役に立たない。

私が、書名を『日本人が知らない 真実の世界史』と銘打ったのは、前記4冊の本を使うことで、これまで私たちが習って（習わされて）教えられてきた「世界史の知識のたくさんのウソ」が大きく訂正、変更されるからだ。「たくさんの定説が覆《くつがえ》される！」と私が副題《サブタイトル》で明言したことが、決してただの宣伝文句や、虚仮《こけ》おどしではないことが分かるだろう。こうやって、この30年間、ずっと停滞《ていたい》していた日本人の世界史理解が大きく前進するだろう。

この他の文献（教科書）として、私が16歳の高校2年生のときから、読んで使ってきた、山川出版社の『高校世界史B』がある。ここに、日本人の世界史勉強の国民的共通理解の土台がある。それと中央公論社刊の『世界の歴史』（全16巻＋別巻1。文庫版は全30巻。1960年から初刊。各巻の改訂版は1998年から。文庫版は2009年から）がある。これらが私の世界史理解の出発点である。

この国民的知識の共通土台を大事にしながら、私たちは、次の新たなる最新の世界史（人類史）へと進んでゆかなければならない。その突破口に、この本は必ずなるだろう。「はじめに」の後ろに、帝国―属国理論にもとづく「18の帝国がイスラエル＝パレスチナを占領・支配した」の表を載せておく。随時、見返してほしい。

2018年10月

副島隆彦

18の帝国がイスラエル＝パレスチナを占領・支配した

なんと18もの世界帝国がイスラエル＝パレスチナを通過し、占領・支配した。
この小さな場所から世界3大宗教（一神《いっしん》教《きょう》）が生まれた。

	年代	帝国名　P57～60に別表あり
1	BC3000年頃～	**エジプト王国**
2	BC1900年頃～	**古バビロニア王国**
3	BC1700年頃～ BC1190年	**ヒッタイト王国**
		↑ 滅ぼす
4	BC1200年頃～	**フェニキア人（海の民）**
5	BC1350年～ BC612年	**アッシリア王国**
		↑ 滅ぼす
6	BC625～BC539年	**新バビロニア**
		↑ 滅ぼす
→ 7	BC550～BC330年	**アケメネス朝ペルシア**

	年代	帝国名
8	BC336～BC323年	アレクサンドロス大王
9	BC304～BC30年	プトレマイオス朝エジプト
	BC312～BC63年	セレウコス朝シリア
10	BC248年頃～AD224年	パルティア
11	AD224～651年	ササン朝ペルシア
12	BC27年～AD395年	ローマ帝国
13	AD395～1453年	東ローマ(ビザンツ)帝国
14	622～1258年	イスラム帝国(イスラム共同体《ウンマ》)
15	1038～1194年	セルジューク朝
16	1300年頃～1922年	オスマン(トルコ)帝国
17	1815年～	大英(イギリス)帝国
18	1914年～	アメリカ合衆国(帝国)

滅ぼす

滅ぼす

移動

滅ぼす

十字軍が滅ぼす

日本人が知らない
真実の世界史
もくじ

第2部

古代オリエント——三日月《クレセント》地帯から世界史が分かる

聖地エルサレムは3大宗教の争奪地帯――197

第3部

ギリシア・ローマ――アテネ壊滅とギリシアへの憧憬

[製作スタッフ]
カバー・本文デザイン／藤塚尚子（e to kumi）
本文図版／高橋未香
編集協力／山根裕之

世界史 年表

BC1250	モーセたちによる「出エジプト」
BC1000	ダビデ王がイスラエルを統一
BC931	イスラエル国とユダ国の南北に分裂
BC586	新バビロニア王国のネブカドネザル2世による バビロン捕囚
BC538	アケメネス朝ペルシアのキュロス2世が 新バビロニア王国を倒す。ユダヤの民に故国帰還を許可
BC490	第1次ギリシア・ペルシア戦争
BC480	第2次ギリシア・ペルシア戦争
BC443	“賢帝”ペリクレスがアテネの実権を握る
BC431	ペロポネソス戦争(ギリシアの内紛)
BC333	アレクサンドロス大王が、イッソスの戦いでペルシアを破る
BC264	第1次ポエニ戦争(BC241年まで)
BC218	第2次ポエニ戦争(BC201年まで) 第3次でカルタゴ滅びる
BC168	ローマ軍によるパルテノン神殿破壊(BC148年にもあった)
BC44	カエサル(シーザー)暗殺
BC27	ローマ帝国の始まり　アウグストゥスが初代皇帝に
BC6	イエスの誕生
AD 30	イエスの刑死(36歳)
200	タルムード編纂
313	コンスタンティヌス帝によるミラノ勅令(キリスト教公認)
325	ニカイア公会議
375	フン人(族)の西進(ゲルマン諸族の移動)
476	西ローマ帝国滅亡
622	イスラム教の成立
740	カスピ海北端のカザール王国がユダヤ教を国教化
800	カール戴冠
860	ノルマン人(ヴァイキング)が南下を始めた(AD1050年まで)
962	オットー大帝　神聖ローマ皇帝戴冠
1016	ヴァイキングのクヌートがイングランド王に
1096	第1次十字軍遠征
1187	サラディンが第3次十字軍を破り、エルサレム奪還
1273	ハプスブルグ家のルドルフ1世が神聖ローマ皇帝戴冠
1453	オスマン・トルコの攻撃により東ローマ帝国崩壊

第1部

副島隆彦が伝える
世界史の「新発見」

いくつもの定説が覆《くつがえ》される

世界史を大きく理解する

「はじめに」で書いたとおり、この本は、「帝国―属国」の関係で、世界史を見通そうとする。そうすれば、人類の全歴史が分かる、という観点から編《あ》まれた世界史の勉強本である。

このつもりで、私は、エジプトとメソポタミアの両方で、紀元前3000年から始まった人類史に体当たりしてゆく。

エジプトとメソポタミア（バビロニアはその下半分）の2つの地域《リージョン》で、今から5000年前（即ち紀元前3000年頃）に世界史《ワールド・ヒストリー》は始まった。この考えは定説であり、誰も否定しない。私もこれに従う。

文字《レター》のある段階からが歴史（学）である。文字《もじ》がまだない国や部族は歴史《ヒストア》（学）に入らない。先史《せんし》（プレヒストリー）を扱う考古学《アルケオロジー》（と人類学《アンスボウポロジー》）の対象である。

即ち、この５０００年の全体の姿を、自分なりに大きく大きく断言、断定調で描き出そうとする。

本書は、自分でもビックリするくらいのたくさんの（大）発見の羅列《られつ》であり、その束である。おそらく20個ぐらいの世界史（学）上の大発見が次々と書き並べられる。

だから、「これまでの定説が覆《くつがえ》る！」と表紙のサブタイトルの謳《うた》い文句にした。「まさか、そんなことがあるはずがない」と思う人は思えばいい。

確かに私のこの書き方では、あまりにも厚かましい、ということになるだろう。歴史学の専門学者ではない、ただの評論家が、そこまでのホラは吹けない、と。

だが正確に書くと、「近年（１９９０年代）からの重要な4冊の本（Ｐ９参照）によって、従来の世界史の定説は大きく訂正（覆）されている。そのことを、日本文で、分かりやすく簡潔に描き出して説明（！）したのが本書である」という謳《うた》い文句ならどうだろう。

それぐらいの深い決意で、私はこの本を書いた。日本人の知識人や読書人層にとっては、これまではっきりと、知らされてこなかった、世界史（学）の大きな知識を、分かりやすく、平易に書き並べた。

私が自分の世界史の本を書こうと思ったのは、出口治明《でぐちはるあき》氏が、近年書いて、このジャンル（部門）で大評判となった『仕事に効く　教養としての「世界史」』（2014年刊　祥伝社）を読んだからだ。この出口氏の『教養としての世界史』は、今では、おそらく日本で、世界史を軽々と勉強したいと思って読む人のスタンダード（基本書）になったと私は判断した。

出口治明氏の『教養としての世界史』シリーズがベストセラーとなり、日本の読書人に大《おお》いに受けいれられた。楽しんで歴史の本を読むとか、教養を身に付けるために読む、という小さなブームが起きたことを私は喜ぶ。

だから私も、「出口版　教養としての世界史」に続いて、「副島版　真実の世界史」シリーズを書く企《くわだ》てを立てた。

そして私にとってのスタンダード（基本書）は、中央公論社の『世界の歴史』である。私の世界史の知識は、日本を代表する世界史、西洋史学者の堀米庸三《ほりごめようぞう》たちが苦心して出した、この「中公の世界史」シリーズに大《おお》いに負っている。

『仕事に効く
教養としての「世界史」』

出口治明著

祥伝社刊

写真：
立命館アジア太平洋大学
ホームページから

この本が現在、日本で世界史を勉強する場合のスタンダード（基本書）となっている。

日本人の一級の外国史の学者たちによる非常に優れた世界史の本シリーズだ。日本人が世界史をちょっと真剣に学ぶのに、今でも各巻が最良の書だ。

だが、如何《いかん》せん、このシリーズはもう50年前（1960年代）に出てから、改訂はされているが、内容が古い。新しい学者たちによる緻密《ちみつ》な論文本は、その後もたくさん書かれているだろう。が、それらは、読書人層の国民用だけではない。

それと同時に、戦後の岩波・朝日文化を支えた、代表的な左翼リベラル派の国立大学の歴史学の優秀な教授たちが、もういなくなった。

1980年代に新奇だったアナール（アニュアル）学派の石井進《いしいすすむ》や阿部謹也《あべきんや》や網野義彦《あみのよしひこ》（この人は日本史）たちぐらいで、もうあとは、一般国民読者をウナらせるような大《だい》知識人に加えられる歴史学者は輩出しなくなった。時代が保守化、体制化したために、読者の方が、枯《か》れた、ということもある。

ところが、この間《かん》に、日本史（学）の方はどうなったか。日本史学者たちは、総じて左翼だったくせに、いよいよ日本国内に立てこもって見苦しくなった。世界（外側）から圧《お》し寄せる真実の波が恐くなったのだ。

まだこの国（日本）では、ほとんど誰にも知られていない、しかし欧米人の一流と、超一流の人々にだけは、当然のこととして、すでに知られている諸知識がある。それらを、私は日本の知識層に分かりやすく伝えたい。どうしても、この任務――これが私の天命《ベルーフ》、天からの命令、指令――を果たさないわけにいかない。

それでは、いよいよここから。世界史（学）において、すでに大きな知識として、知られていて、欧米人の知識人、学者たちに受けいれられている大《だい》知識を列挙してゆく。

ただし、これらの学説は、まだ定説ではない。

定説の方は、今現在の西洋のそれぞれの国の、時の権力者や体制派や宗教指導者（宗教界）に逆《さから》わず、いい顔をして、屈従している学者たちの説である。欧米の普通の歴史の教科書に載っているのが定説である。そして、それらに服従している日本人の学者が多くいる。

だからといって私が、皆さんに、これから伝える世界史の大知識、大理論は、偏向《へんこう》した理論や歪《ゆが》んだ学説ではない。いまや権威的な一流の大学者たちにも認められ、受けいれられている学説、理論である。

捏造された旧約聖書と人類を不幸にした一神教

言語と宗教は地域全体でつながっている

Ｐ33の図のとおり、人類史の5000年は、エジプトとメソポタミア（バビロニアを含む）の両方の2つの地帯で始まった。たったの5000年だ。ここでは、それ以前からの、6000年前、7000年前のシュメール人たちや、北方のスキタイ人の話はしない。驚くかもしれないが、世界中の人類史（世界史）学者は1万年前の話なんか、しないのである。

今から、①400万年前のアウストラロピテクス（猿人《えんじん》）、②50万年前のホモ・エレクトゥス（直立人。原人《げんじん》）や、③30万年前のネアンデルタール人（旧人《きゅうじん》）や、④15万年前か

古代オリエント・
肥沃な三日月地帯

この大きな地帯《リージョン》はコトバと宗教がすべて皆、同じだった。今もそうだ。

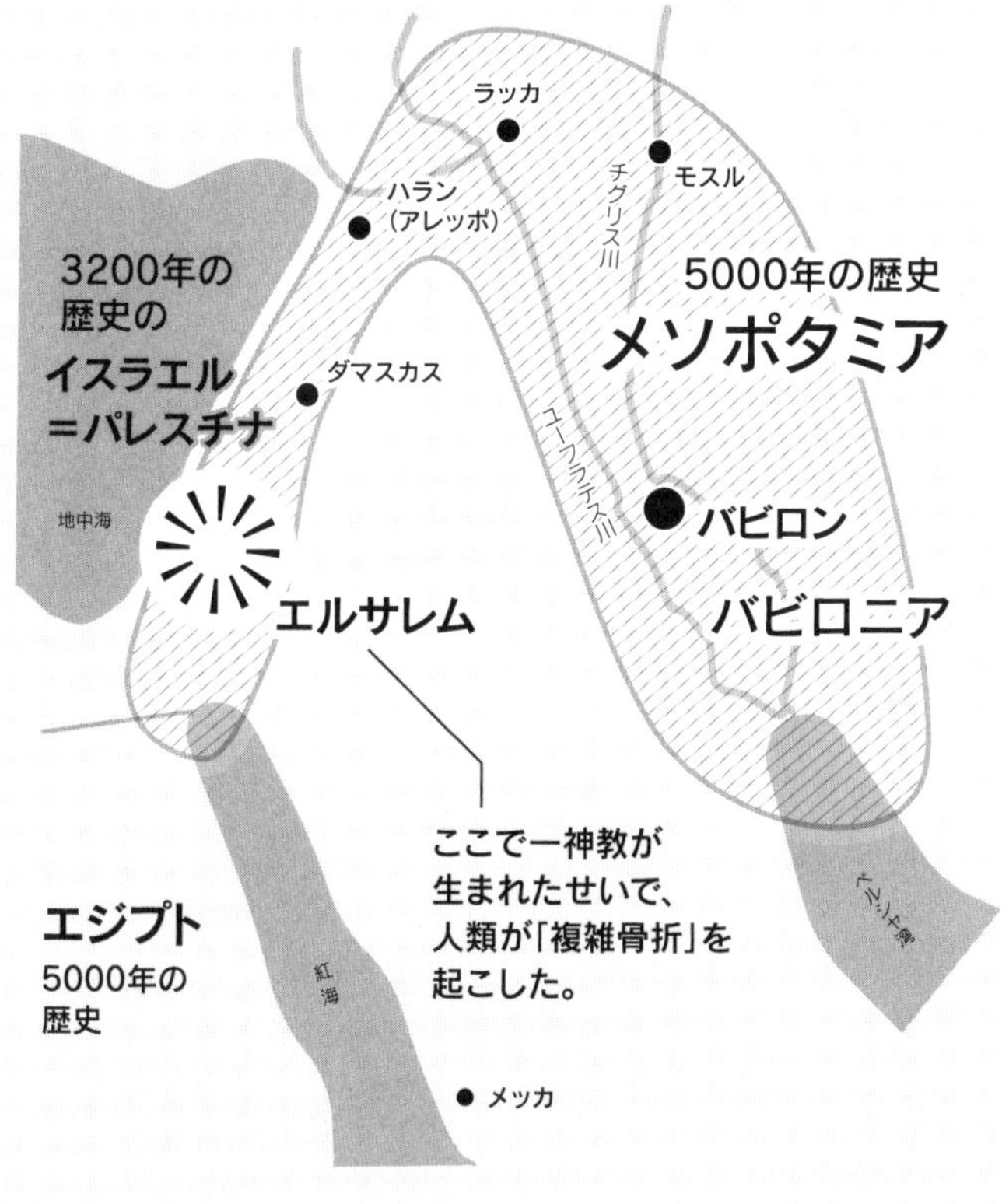

らのホモ・サピエンス（新人）の出現の話は、考古学《こうこがく》（Archaeology　アルオケロジー）や人類学（anthrapology アンスロウポロジー）の話であるから、この本ではしない。

イスラエルのヘブライ大学の教授で、今、42歳のユヴァル・ノア・ハラリ Yuval Noah Harari 教授著の『サピエンス全史』は、前記の「重要な近年の4冊の世界史本」の4冊目に挙げた。この本ではあまり取り上げることができない。

エジプト帝国とバビロニア帝国が、どちらも5000年ぐらい（BC3000年ぐらいから）の歴史を持っている。ここから世界史が始まる。これは定説でもある。そしてこの2つの大きな地域《リージョン》全体は、5000年前からつながっていた。

この半月形のビーンズ（長い豆）の形をした大きな地帯全体の人々がすべてアラム語（Aramaic アラメイック）を話していた。互いにコトバが通じたのである。

なぜなら、今も、エジプト人とパレスチナ人、シリア人、イラク人はお互いアラビア語で通じ合っているではないか。ということは、5000年前も通じていたのだ。

アラム語を、中東《ミドルイースト》の人間たちは、みんな話して通じ合っていた。

何か奇妙なことを、私が今、書いている、と感じるだろう。まさか、そんな。すべての国でコトバはそれぞれ違うはずだ、と。狐《きつね》につままれたように感じる人は、このまま放《ほう》っ

『サピエンス』
"Sapiens : A Brief History of Humankind, 2011"

ユヴァル・ノア・ハラリ著
Yuval Noah Harari（1976年〜）

写真：CityTree

原著、ヘブライ語版は2011年刊、
英語版は2014年刊。
日本語は2016年刊、『サピエンス全史』（河出書房新社）。

ておいて、私は先に進む。

P33の図の半月形の地域の人々は、エジプトからバビロニアまで、ずっと同じアラム語を話していたばかりか、宗教もすべて、太陽崇拝（太陽が神で、太陽を拝む）であり、かつ、豊穣神崇拝《ほうじょうしん》である。

太陽神こそは、世界全体の神である。エジプトでラー Ra やセト Seto と呼ばれた。バビロニアではバアル Baar で、すべて太陽神だ。パレスチナ人（ペリシテ人）もバアル神であった。

豊穣神とは、牛からたくさんお乳が出ますように、とか、作物（穀物と果実）が、豊かに収穫できますように、と祈りを奉《ささ》げる神である。恵みの神だ。エジプトではイシス女神とオシリス（その夫）への信仰である。

だから、この肥沃《ひよく》な三日月地帯（ファータイル・クレセント fertile crescent ）の中東全体が、共通にアラム語（古《こ》シリア語）を話し、宗教も共通に太陽神と豊穣神であった。そしてそこに、一神教（モノシーイズム）が出現、誕生して、入《はい》り込んできた。それ以来、人類は大きな迷惑を受けることになった。この大《だい》事実を、まず私はドカーンと指摘する。

チマチマと国ごとに言語《コトバ》と宗教《レリジョン》が分かれていたのではない。

三日月地帯に出現した特異な一神教

言葉《コトバ》と宗教が同じである中東世界（5000年前からの世界）の三日月地帯に、突如、異質の集団が出現した。

突如、と言っても、3200年前、即ち、BC1250年からだ。

モーセという男に率いられたエジプト人の移住民の集団（おそらく5000人ぐらい）が、「自分たちは他の同じエジプトから出てきた開拓農民、移民たちとは違う」「自分たちはヤハウェYHWHという神を信じる者たちだ。私たちには、太陽神と豊穣神は要《い》らない。そんなものは拒否する。私たちが信じるのは、ヤハウェだけだ」と言い出した。

それがBC1250年からだ。これを「出《しゅつ》エジプト記」と言う。

この民族、この集団だけは、どうしても人類史で異質の、特異な人々だ。

彼らは、「自分たちはヤハウェによって特別に選ばれた人間たち（選民 chosen people《チョーズン ピープル》）で『モーセの十戒《じっかい》』'Exodus'《エクソダス》というヤハウェから授けられた聖なる経典を持つ、〝啓典《けいてん》（キャノン）の民〟だ」と言い出したのだ。

これがユダヤ教 Judaizm《ジュダイズム》だ。これはユダヤ思想と訳してもよい。

この時、一神教《いっしんきょう》mono-the-ism《モノ・シー・イズム》が人類（人間世界）に出現した。モノ（唯一）、シー（the《シ》あるいはthe《テ》で神という意味）の教《イズム》だ。この約１２００年後（紀元1世紀）に現れたキリスト教も一神教だ。

そして、さらに、その６００年後に現れた、イスラム教（成立はＡＤ６２２年）も強烈な一神教である。イスラム教はユダヤ教とキリスト教の真似をしてつくられた。ムハンマド（マハメット）という男がつくった。こっちはアッラーArahという神を信じる一神教である。

キリスト教とイスラム教は、「人間（人類）を救済（サルヴェーション）する」と教祖さまが言った救済宗教である。だから、「私を助けてください。助けてください」という民衆（特に女性）の熱狂的な支持をもとに、ドカーンと世界中に広がった。私の言う「熱狂史観」である。

この熱狂こそ、世界の大宗教の性格である。東アジアに広がった仏教（ブディズム）も、お釈迦《しゃか》さま（ゴータマ・ブッタ）という男が説いた救済の教えであり、それに魅《ひ》かれた民衆によって、ドカーンと広まった救済宗教である。

ユダヤ人は「ユダヤ人によって、発明された」

モーセたちはヤハウェという神をつくることによって、自分たちユダヤ人（イスラエル人）をつくった。ユダヤ人を発明（インヴェンション）したのである。

このことを書いたのが、テルアビブ大学教授のシュロモー・サンド教授（現在73歳）の『ユダヤ人の（ユダヤ人による）発明《インヴェンション》』（２００８年刊）である。Ｐ41に図示してある。

この本によって、今のイスラエル国のユダヤ人たちは、他のペリシテ人と全く同じくエジプトから移民、開拓農民としてやって来た人間たちだ、と解明された。

『旧約聖書』（モーセ5書《トーラー》）に出てくるペリシテ人というのは、今のパレスチナ人である。

Ｐ５に新聞記事を載せた。私は２００８年5月に、この記事を読んで、衝撃を受けた。

そして、このサンド教授の完全日本語訳『ユダヤ人の起源』（書名を意図的に「起源《オリジン》」と誤訳しているのが残念だ）が、２０１７年にちくま学芸文庫から出た。

さて、今のイスラエル国にいるイスラエル人（ユダヤ人）たちの8割は、アシュケナージ・ユダヤ人である（今の認定されたイスラエル国民は８４０万人。この他に１０００万人のパレスチナ人がいる）。

彼らアシュケナージ・ユダヤ人（西暦500年代からのカザール王国のユダヤ教徒が始まり）は、主に旧東ヨーロッパから移住してきたヨーロッパ白人である。1880年ぐらいから、「ポグロム」というユダヤ人排斥、迫害に遭《あ》ってどんどん「戻って」来た人々だ。だから、昔からイスラエルに居《い》たセム族（semite《セマイト》）ではない。モーセの頃（BC1200年頃）からいたはずのユダヤ人というのは、みんなペリシテ人（パレスチナ人）になってしまったのである。

こういう驚くべき、かつ恐ろしい事実を、私が平気でズケズケ書くと、私は今のイスラエル政府（大使館）から嫌われるだろう。

だが、これが真実なのだから、こう書くしかない。しかも、これが世界史全体の理解にとっても大切な真実である。

ただし、BC1200年頃から、モーセたちが、自分たちをユダヤ人（ユダヤの民）と呼んでいたのか、分からない。

『（ユダヤ人による）ユダヤ人の発明』
"The Invention of the Jewish People, 2008"

シュロモー・サンド著
Shlomo Sand（1946年〜）

写真：Michel Abada

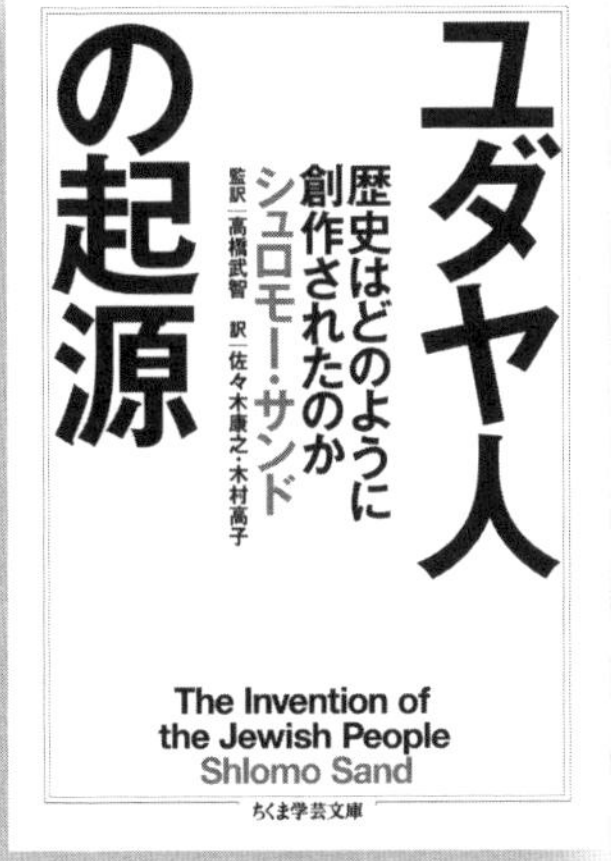

原著は2008年刊。
日本語版は2010年刊
『ユダヤ人の起源』
（武田ランダムハウスジャパン、
現・ちくま学芸文庫）。

原書の書名は、著者によって、はっきりと「ユダヤ人は発明されたのである」とされている。「ユダヤ人の起源（origin,オリジン）」とは書いていない。

捏造された旧約聖書――アブラハムは存在しなかった

「出エジプト」より1200年さかのぼったBC2371年に、古バビロニア（ウルが首都。P141の地図を参照）に、「アッカド帝国のサルゴン1世」という大王が現れる。このアッカド帝国によって、アッカド人という民族がいたかのように、世界史では教える。しかし、場所はまさしくバビロニアである。だから、アッカド帝国（500年間ぐらい続いた）は、古バビロニア帝国の一種、一部だと考えればいい。

それよりも、サルゴン1世から600年あとに現れるハンムラビ（ピ）大王の方が重要だ（BC1700年代）。なぜなら、「目には目を、歯には歯を」の法典をつくった（石碑が残っている）大王である。ここから定説ではないことを書く。

皆さんは、ユダヤ民族の祖であるとされるアブラハムという名を聞いたことがあるでしょう。

そしてこのハンムラビ Hammurapi 大王がアブラハムのモデルである。まさしく、『旧約聖書』（モーセ5書）の第1巻の「創世記」の後半の主役で「ユダヤ民族の始祖（ファウンダー）、始まりの人」とされるアブラハム Abraham その人なのである。

このアブラハムが、バビロニアから移住してきて、エジプトにも行き、そしてイスラエル＝パレスチナに戻って来て定住したという。行ったり来たりの、おかしな作り話を、「創世記」でつくった。

この話は、このあと（BC1700年代から500年後）のBC1200年代にモーセがエジプトにいて、仲間の農民たちを率いてイスラエル＝パレスチナを目指して「出エジプト」する話に無理やり繋《つな》げるためだ。

『旧約聖書』（モーセ5書）の話の筋道、即ち、ユダヤ民族の血統の話を創作するためにつくった虚偽の話である。いったい誰たちが？　いつ？

だから、アブラハムとその子イサクと、その子ヤコブ（ユダヤ12支族の父とされる）、そしてその11番目の息子ヨハネの4代にわたる話は、モーセの存在に話をつなげるための後世の作り話である。

モーセたちは元々、エジプト人であり、他の移民（ペリシテ人）と全く同じくエジプトからの開拓農民で、屯田兵《とんでんへい》としてやって来た者たちである。

特別、高貴でも何でもない。エジプト新王国第19代国王《ファラオ》のラムセス（ラメス）2世（100歳まで生きた大王）に、「お前たちはあっちの方にいい土地があるから移住しなさい」

と支度金《したくきん》まで貰《もら》って移民《エミグレイション》していった人々だ。

ところがモーセたちは、この途中で、驚くほどの神懸《かみがか》り現象を見せた。自分たちは、神ヤハウェ（エホバ）によって特別に選ばれた人間たちだ、と信じ込んだ。

こうして「ユダヤ人を発明《インヴェンション》」（シュロモー・サンド教授の2008年刊の書名。P43にあり）したのである。

だから「モーセ5書」の初巻「創世記」の、後半のアブラハムからの創作を、私は不愉快に思う。アブラハムなどいない。このモデルはBC1700年代のバビロニアのハンムラビ大王なのだ。『旧約聖書』を素直に読めばわかることだ。

このことを欧米の頭のいい知識人たちは皆、分かっている。知っているし、勘づいている。だが、はっきりと明瞭に書く者がいない。あれこれの大《だい》論文を書くのに、「宗教のことですから」と、「モーセ5書」の創作話を意識的に避ける。

彼らはサイエンティスト（近代学問主義者）であるから、事実《ファクト》に従うべきなのだ。しかし。ユダヤ教会とローマ・カトリック教会からの監視が今もきついから、この2つの大《だい》権威に、盲目的に隷従する。

アメリカのプロテスタント系の、さらにユニテリアン（「キリストは普通の人間の男だった」とする単性論《たんせい》）であるはずのハーヴァード大学の教授たちでも、このことを明言しない。前述の2つの権威に大変な遠慮を、今でもするものらしい。

士師《しし》とは、トランプ大統領のような指導者のこと

紀元前（BC）1200年頃から、モーセの後継者のヨシュアが、ヨルダン川を西に越えて、イスラエル＝パレスチナの地に入り、まずエリコの都市を攻撃する。

そこには先に移ってきて、住み着いたペリシテ人たちがいた。同じエジプトからの移民だ。どうしてヨシュアたちが町々を次々と攻撃し、占領しなければいけなかったのか。

その理由の説明は『旧約聖書』（モーセ5書）には一切ない。このあと、200年間ずっと、ユダヤ人はこの一帯（エズレル平原あるいは渓谷）で戦争に次ぐ戦争をする。これが「士師《シェパード》の時代」だ。

先住者の土地を奪い取ることは、「神ヤハウェに約束された土地」を自分たちのものにする当然の行動となる。ここから、現在のユダヤ人に至る、異常なまでの厚かましさが生まれた。

エリコは古代都市であり、さらに3000年ぐらいさかのぼることが、考古学者たちの発掘調査で明らかになっている。

誰が、どういう人々が造った都市なのかはわからない。「世界史（は）5000年（前から）」にこだわる私も、やや困ってしまう。

ヨシュアからあとの12人の士師《しし》（民衆の指導者）たちの話が「士師記」に書かれている。士師とは、シェパードshepherdのことであり、「羊の群れを導く者」という意味で、遊牧民《ノウマド》を率いる族長（軍事も裁判もやる）だ。

今のアメリカ合衆国の〝暴れん坊〟大統領ドナルド・トランプのような指導者だ。アメリカは、実は欧米人の中のゲルマン民族の伝統を引いている国民《ネイション》である。オランダがスペイン帝国から独立（1581年）したとき、国王にならず、総督（シュターツホルダー）に留まったのがオラニエ公ウィレム1世である。アメリカ合衆国はこの総督《シュターツホルダー》の制度を引いているから。国王ではなく大統領なのだ。

だからトランプは西部開拓を指導した幌馬車隊《カヴァード・ワゴン》（ヨーロッパからの食い詰め者たち）を率いる隊長《チーフ》（酋長、部族長）の感じである。

旧約聖書が書かれたのは新約聖書のあと

それでは、『旧約聖書』(モーセ5書)は、いつ書かれたか。編纂《へんさん》(聖典の結集《けつじゅう》)されたのか。そして、何語で書かれたのか。

定説では、『旧約聖書』が最初に成立したのは、紀元前(BC)400年代から300年代頃で、ヘブライ語で書かれていたとされる。

『旧約聖書』(モーセ5書)は、紀元後(AD)200年頃から300年代末にかけてエルサレムの辺《あた》りで成立した。初めて本《ビブロ》(バイブル)になったのである。これが真実だ。

この時に、ラビ Rabbis という初期の学者たちが出現している。このラビたちが、こそこそと秘かに集まって、ギリシア語で書いたのだろう。

だから『旧約聖書』の成立は、『新約聖書』がローマでギリシア語で書かれたAD60年よりも、さらに100年以上あとだ。

AD220年頃に、まず「ミシュナ」(口伝《くでん》律法)が、そして390年頃に、「口伝《くでん》タルムードが、ラビたちによって、エルサレムで本として編まれた」と定説でもなっている。

口伝《くでん》タルムード(戒律書。ユダヤ教徒が守るべき生活規範を定めた解釈書《ヘルメノイティーク》)の、その初期のものを「ミシュナ」という。

どうもこのタルムード（戒律集）が書かれたその時に、実は、『旧約聖書』（モーセ5書）本体も編《あ》まれたのではないか。これが私の考え（説）である。こう考えないと、あれこれ理屈が合わない。話の辻褄《つじつま》が合わないのだ。

ＢＣ１２５０年（今から３２００年前）のモーセ、ヨシュアからの言い伝え、言行の口《くち》伝《づた》えはずっと残っていただろう。

しかし、それらが聖典《キャノン》（啓典）の形にまとめられたのは、実にその１４００年後のＡＤ２００年（代）なのだ。こんなにあとなのだ。

だから、モーセ5書には、イエス伝（新約聖書）の影響もあちこち出ているし、他のもっと大きな民族《ネーション》や、帝国《エムパイア》の制度や宗教（呪術《じゅじゅつ》）などからの借り物がたくさん集められている。『旧約聖書』の「創世記」の各所に「ユーフラテス川の向こうの大王」即ち、ハンムラビ王の逸話が出てくるのだ。

多くの世界史年表では、「『旧約聖書』は紀元前（ＢＣ）２５０年に、（エジプトの）アレキサンドリアで、エジプト王《ファラオ》（プトレマイオス3世）の命令で、ヘブライ語からギリシア語に訳された」となっている。

これを『70人訳　聖書ギリシア語訳　旧約聖書』（Septua Ginta セプトゥア・ギンタ）という。これとラテン語訳聖書のウルガタ聖書（ヒエロニスム作。AD400年頃）が超有名である。だが、「『旧約聖書』はヘブライ語からギリシア語に翻訳された」というのはウソである。ヘブライ語ができたのは、ずっとあとだ。古代ヘブライ語がモーセの頃（BC1200年）からあった、というのはウソである。

ヘブライ語（アルファベット文字だ）ができたのは、紀元後200年ぐらいであり、前述した、まさしく『旧約聖書』が初めてギリシア語で書かれた時である。つまり、「新約」（イエスという男の物語）も「旧約」も、初めからギリシア語で書かれたのである。

イエスが（BC6年生まれ。AD30年に処刑された。36歳で死去）時代は、古代ローマ帝国が覇権国（ヘジェモニック・ステイト）である。

イスラエル＝パレスチナ＝カナーンの地は、当時は、ローマ人に支配されていて、ローマ軍が駐屯した。上級のローマ人や、ローマ軍人たちは、ギリシア語で文章を書いたのだ。イエスも上級の人間であったから、一般的だったアラム語《アラメイアック》（古シリア語《シリアック》）の他に、ギリシア語も話し、書いた。

北のナザレ（このそばのツポリにローマ軍の司令部があった）生まれのイエスは、ただの貧しい大工の子ではなく、それなりに立派な家の子だったのだ。それなりの学識と教養がなければ周《まわ》りの人たちが教えを聞かない。

イエスは、金持ちや役人（村長）の家に招かれたときは、ギリシア語で話している。前述したアラム語という話しコトバを、最近、世界史学者たちが、古シリア語（Cyriac シリアック）だったと言い出している。

アラム語と古シリア語は同じだ。やはり、今のシリアにいた人々が中東全体のコトバの作り手の中心だ。それが実は後述する海の民のフェニキア人だ。フェニキア文字がアルファベット（都市ウガリドで出来た）の元祖だ。

一神教が人類を不幸にした

だから人類の歴史の始まりは、P33の地図の肥沃な三日月をグルーッと回ってやって来る人々の話なのである。真ん中の広大な砂漠地帯は通れない。

世界史上の18もの帝国がイスラエル＝パレスチナを通過して支配した。この地では大戦争などする必要もない。ひねりつぶす感じで通っていった（P12～13、P57～60の表参照）。

イスラエル＝パレスチナは一度も帝国になったことはない。常に帝国に支配された属国（属州）であった。

世界史（学）で、戦争《ウォー》というのは、帝国と帝国同士のぶつかり合いの大戦争《だい》でなければならない。帝国とは、その周辺に30や50の小さな王国を、子分、属国《ぞっこく》、朝貢国《ちょうこうこく》として従えていなければいけない。

イスラエル＝パレスチナは、一度も帝国になったことのない小さな国（地区）だ。それなのに、特異な一神教《モノシーイズム》という、奇怪な宗教を生み出した特殊な土地（地区）である。この一神教（ユダヤ教、キリスト教、そしてイスラム教）というものを生み出さなければ、人類（人間）はどんなに幸せだったろう。

一神教は、「目に見えないもの」「ある崇高なもの」を崇《あが》めさせ拝《おが》ませる。そうやって、人間を大《だい》宗教に拝跪《はいき》する奴隷にした。

人類（人間）は、太陽神（お日《ひ》様を崇拝）と豊穣《ほうじょう》神（豊かな恵みの神）を素朴に拝んでさえいれば、それでよかったのだ。一神教が生まれて人間（人類）は救われて、知能も増し、賢く生きられるようになった、と考えるのは虚偽《きょぎ》である。

一神教のせいで、人類は不幸になったのだ。「目に見えない神聖なもの」に何の意味が

3大宗教の聖地・エルサレム

エルサレムは一神教が生まれた震源地である。
この地において、ユダヤ教もキリスト教も
イスラム教も生まれ、一神教の原理がつくられた。
このことで人類は不幸になった。

写真：Shutterstock

イスラム教の聖地・
岩のドーム
(ムハンマド昇天の地)と
ユダヤ教のソロモン神殿の
城壁の跡とされる嘆きの壁。
手前にキリスト教の
聖墳墓教会(イエスの墓と
される場所に建つ)がある。

エルサレム・旧市街図

あるか。私は深く懐疑する。

だからといって、私は、「多神教（八百八神《やおろずのかみ》）である日本は素晴らしい」などと、粗雑《そざつ》きわまりないことを言う人々も認めない。

一神教と対立する多神教（poly-the-ism ポリシーイズム）はギリシアのオリュンポスの12神のことである。日本の八百八神《やおよろずのかみ》など論外である。

イスラエル＝パレスチナの地が一神教という、妄想《もうそう》、観念《かんねん》をつくってしまったものだから、以後の人間（人類）の苦しみが増した。宗教とはどうせ、何であれ、ロクでもないものだ。自分は何々教を信じています、とあまり他人《ひと》に言うことではないから、私は、こう書いても構わないと思っている。

私自身は、無神論者（atheist エイシスト）である。atheism（エイシズム、無神論）が正しい。

資本主義という宗教もやがては滅ぶ

私は、今では、①共産主義（社会主義も。貧困者、労働者を救済する思想《イデー》）も、さらには、

②現代で最高級の難解な数学、物理学も、どちらも宗教《レリジョン》だと思っている。

政治思想《ポリティカル・ソート》は、イデオロギー（Ideologie　英語ではイデオロジー）なのであって、宗教ではない、というのは逃げ口上《こうじょう》の言い訳だ。20世紀（1900年代）の100年間に、世界各国で、社会主義思想（人間は平等であるべきだ思想）が、ものすごい勢いで広がった。これには主に知識人層がからめとられた。入信した。

リベラル派、進歩派の人々は、私自身も若い頃そうだったが、愚か者である。そのせいでヘンな苦労ばっかりさせられた。

だから共産主義《コミュニズム》も、宗教だ。しかし、同時にそれに強く反発する、現在の日本の首相である安倍晋三たちが、腹の底からの燃えるような情熱で信じている反《はん》共産主義（反共《はんきょう》）の思想もまた狂った宗教だ。

そうすると穏《おだ》やかな保守《ほしゅ》（コンサーヴァティヴ）の立場が、優れた生き方ということになる。

だからと言って、この生き方は、生来の本当に温厚な金持ち（資産家）、経営者が持てるのであって、そこらの貧乏サラリーマン程度が「私は保守です」と言うと、おかしなことになる。

「あなたはただのサラリーマン（即ち、賃金労働者。もしかすると現代の奴隷）だ。だから自分と同じ貧しい者の味方であるべきだ」と言われるだけだ。

②の現代の高級な高等数学、物理学にしても、今や宗教だ。

これに激しく反論して、「いや、数学、物理学は近代学問（Science サイエンス、スシャンス、スキエンザ）です。宗教とは違います」と言ったって、もうそろそろ大きな真実がバレてきている。

アインシュタインの「相対性理論」が発表（特殊が1905年。一般が1915年）されてから、ちょうど100年が経った。だが、宇宙の中心はどこにあって、どれぐらいの大きさか、さえもまだ分からない。

何も大きなことは分からないままだ。人騙《だま》しもいい加減にしろ、と私は言う。大宗教《だい》のエライ大僧正《そうじょう》、大司教《アーチビショップ》（その親玉が法王《ポープ》〈パパ〉）たちと全く同じだ。

「科学と宗教はそれぞれ世界が違っていて、棲《す》み分けています」などと言うな。棲み分けるな。棲み分けていい訳《わけ》がないではないか。いろんな世界がそれぞれあります、などというのは愚か者の言うことだ。「実は大きなところでは何も分からないのです」と正直に言って、そろそろ学界（学会）全体で白状すべきだ。

そして、もしかしたら、共産主義（思想）の次に資本主義《カピタリズム》も滅ぶかもしれない。「まさか、そんなことはあり得ない。資本主義はイデオロギーではありません。客観的実在（オブジエクティヴ・リアリティ）です。だから滅ぶことはありません」と反論する人たちが多くいるだろう。

だが、そんなこと分かるものか。こんな時代（ゼロ金利、マイナス成長＝衰退、人口減少。日本はこのあとの22年後の、２０４０年で人口が２０００万人も減る。さらに6年後の２０４６年には1億人を割るらしい。今は1億２７００万人だ）になったら、高度（あるいは金融）資本主義だって滅ぶだろう。

資本主義だって、宗教なのである。だがその次に何が来るのか。どういう世界になるのか。誰にも分からない。

人類の歴史（世界史）を考える、ということは、本当はこういうことなのだ。

18の帝国がイスラエル＝パレスチナを占領・支配した

	年 代	帝国名	都
1	BC3000年～	**エジプト王国**	メンフィス、テーベ
	メネス王が統一。 前16—前17世紀に侵入したヒクソス人とはパレスチナの遊牧民。		
2	BC1900年～	**古バビロニア王国**	バビロン
	ハンムラビ王（前1700年代に在位）が有名。 北に近いほうがメソポタミア、南のペルシア湾に近いほうがバビロニア。アッカド王国（BC2230年頃滅んだ）も古バビロニアの一種と考えるべき。		
3	BC1700～BC1190年	**ヒッタイト王国**	ボアズキョイ
	今のトルコ（アナトリア）が中心。カデシュの戦いでエジプトと戦ったあと、BC1286年、エジプトのラムセス2世と平和条約を結んだ。この36年後に、モーセが出現。モーセの出エジプトは、BC1250年と世界史で決められている。		
4	BC1200年～	**フェニュキア人**（海の民）	
	海の民。海洋民族。アルファベットをつくった。 BC1190年のカディシュの戦いでヒッタイトを滅ぼした。 ギリシア人と同盟。ローマ人と戦い続けた。		

<table>
<tr><th></th><th>年代</th><th>帝国名</th><th>都</th></tr>
<tr><td rowspan="2">5</td><td>BC1350～
BC612年</td><td>アッシリア王国</td><td>ニネヴェ</td></tr>
<tr><td colspan="3">北のアッシリア人は遊牧民だろう。バビロニアに攻め下りた。BC722年、サルゴン2世がイスラエル王国を占領。BC612年、新バビロニアに滅ぼされた。</td></tr>
<tr><td rowspan="2">6</td><td>BC625～
BC539年</td><td>新バビロニア</td><td>バビロン</td></tr>
<tr><td colspan="3">アッシリアを同化した新バビロニア（ネブカドネザル2世）が、BC586年、南ユダ王国も征服した。エルサレムの第1神殿を壊す。そしてバビロン捕囚を強行。バビロンにユダヤ人を連れて行った。BC539年、アケメネス朝ペルシアに滅ぼされた。</td></tr>
<tr><td rowspan="2">7</td><td>BC550～
BC330年</td><td>アケメネス朝ペルシア</td><td>スサなど</td></tr>
<tr><td colspan="3">キュロス2世が建国。イラン高原から攻め下り、イスラエル・パレスチナの周囲にも攻め込んできた。ギリシア・ペルシア戦争（第1回BC490年、第2回BC480年）でダレイオス1世がギリシアに遠征して戦ったが、失敗し、帰った。BC330年に滅亡。</td></tr>
<tr><td rowspan="2">8</td><td>BC336～
BC323年</td><td>アレクサンドロス大王</td><td>バビロン</td></tr>
<tr><td colspan="3">アレクサンドロスの一代限り。ギリシアを治めたマケドニア人。BC333年、イッソスの戦いでペルシア（アケメネス朝）を破り、中東全地域を遠征した。BC323年に32歳で病死。</td></tr>
<tr><td rowspan="4">9</td><td>BC304～BC30年</td><td>プトレマイオス朝エジプト</td><td>アレクサンドリア</td></tr>
<tr><td colspan="3">アレクサンドロスの若い将軍だったプトレマイオスがエジプト人に建国。セレウコスからパレスチナを奪い返した。</td></tr>
<tr><td>BC312～BC63年</td><td>セレウコス朝シリア</td><td>アンティオキア</td></tr>
<tr><td colspan="3">アレクサンドロスの幕僚だったセレウコスが建国。パレスチナも支配した。</td></tr>
</table>

	年代	帝国名	都	
10	BC248〜AD224年	**パルティア**	クテシフォン	イラン高原の山の方にいた遊牧民族。アルサケス1世が建国。ササン朝ペルシアに滅ぼされた。
11	224〜651年	**ササン朝ペルシア**	クテシフォン	パルティアを滅ぼした、パルティアの後継帝国。イラン高原・メソポタミアなども支配。一時、パレスチナ、エジプトまで支配。651年、イスラム軍に滅ぼされた。
12	BC27〜AD395年	**ローマ帝国**	ローマ	ポエニ(フェニキア)戦争に勝ってギリシアまでも支配した。アウグストゥスが初代皇帝。BC27年に共和政から帝政になった。BC63年、ポンペイウスがイスラエル・パレスチナを征服。ローマ帝国の属州「ユダヤ属州」とする。395年に東西に分裂。ゲルマン系やチュルク系の遊牧民の侵入が続いて、AD476年に滅亡。
13	AD395〜1453年	**東ローマ(ビザンツ)帝国**	コンスタンティノープル	ローマ帝国を継承した。6世紀、ユスティニアヌス大帝の時に、ローマ帝国旧領をほぼ回復し、最大版図となる。最盛期を迎えた。1453年にオスマン帝国に滅ぼされた。
14	662〜1258年	**イスラム帝国(イスラーム共同体《ウンマ》)**	メディナ	ムハンマドが、662年、イスラム教徒の共同体(ウンマ)を組織。サラセン帝国ともいう。638年、第2代カリフのウマルがエルサレムを占領。661年、ウマイヤ朝成立。1258年、アッバース朝がモンゴル軍によって滅ぼされた。

	年代	帝国名	都
15	1038～1194年	**セルジューク朝**	ニケーア
	チュルク(トルコ)系のイスラム王朝。アッバース朝のスルタンになるトゥグリルが1038年に建国。十字軍(第1回、1096年)を迎え撃つも、やがて分裂、解体した。		
16	1300年頃～1922年	**オスマン(トルコ)帝国**	イスタンブールなど
	オスマン1世がトルコのアナトリア地方に建国。1453年、コンスタンティノープルを攻略し、東ローマ(ビザンツ)帝国を滅ぼした。15、16世紀が最盛期で2度、ウィーンまで攻めた。第1次世界大戦終了(1918年)までイスラエル・パレスチナを支配し続けた。1922年、スルタン制廃止により、滅亡。		
17	1700年代～1914年	**大英(イギリス)帝国**	ロンドン
	1707年、グレートブリテン王国建国。海洋帝国。ナポレオンに勝って、1815年、覇権を握る。第1次世界大戦後(1918年)、オスマン帝国の旧領土だったイスラエル・パレスチナを統治下に置いた。大戦末期の1917年11月、ユダヤ人にパレスチナ国家建国を認めたバルフア宣言で、パレスチナ問題の原因をつくった。		
18	1914年～	**アメリカ合衆国(帝国)**	ニューヨーク
	1776年、イギリスから独立。初代大統領はジョージ・ワシントン。第1次世界大戦の始まりのとき、イギリスから世界覇権を奪った。1948年、ユダヤ人国家・イスラエル建国を支援。		

チュルク人の大移動が世界史をつくった

大平原の民・チュルク人の西方大移動

繰り返すが、5000年前に始まった、人類の2大文明はエジプトとメソポタミアだ。同時代のBC3000年には、大草原の民の始まりであるスキタイ（シュキタイ）人がいた。スキタイ人が北の大平原を裸馬《はだかうま》（馬具のない馬。蹄鉄《ていてつ》もない）に乗って駆けていた。スキタイ人がいちばん古い遊牧民《ノウマド》であり、集団戦法もする騎馬隊があった。東方のモンゴル平原から西方のカスピ海、黒海北部一帯にまでスキタイ人がいた。

しかし、スキタイは文字がないし、遺跡もほとんど残していない。このスキタイが、メソポタミア（今のイラク北部）に興《おこ》った、文明以前（紀元前5000年）のシュメール人と戦ったりしている。

このシュメール人は７０００年ぐらい前からいる。しかしまだ、氏族社会（血縁共同体。ゲンス）であって、多くても１０００人ぐらいの集落である。灌漑《かんがい》施設もなく、古代都市（の遺跡《ルーイン》）と呼べるものではない。

このあとバビロンに、ウルやウルク、スサなどのバビロンの古代都市が生まれた。これがシュメール人によるメソポタミア文明の始まりだ。

北方の大草原のスキタイが消えて、ＢＣ１０００年ぐらいから、のちの中国の「北方異民族」である突厥《とっけつ》、ウイグル、契丹《きったん》（遼《りょう》）などのトルコ系の遊牧民《ノウマド》に変わる。

これらをトルコ系 Turks《タークス》と世界史で呼んできた。私たち日本人もそのように習った。最近は、チュルク人 Türks《チュルク》と、世界史学者たちが呼ぶようになった。

だから大きくひとまとめに考えると、ユーラシア大陸の北方の大平原の人々は、すべてこのトルコ人（チュルク人）である。

一番最初に有名なフン人（匈奴）が現れた。日本では匈奴《きょうど》と呼んで教えるからいけない。シュンヌ Shunnu、シュンヌゥと中国語では呼ぶようだ。せめてこれからは Hun-nu「フンヌ」と教えるべきだ。

このフンヌが、西洋世界の北の大平原にも現れた。BC500年ぐらいには、フン（ヌ）人（族）の西方への大移動があった。今のロシアのウラル山脈や、その南のカフカス（コーカサス）地方にまでフン（ヌ）が拡大、膨張したのだ。

彼らが、ゴート族（ゲルマン語族のひとつとされる）を圧迫したので、AD375年（ローマ帝国の時代）に、ゴート族が大挙してドナウ川（ダニューブ川）を越えた。何十万人かが命懸けで川を渡って来た。

ローマ帝国の駐屯地の軍人たちは、このゴート人の渡河を押し止《とど》めることができなかった。このAD375年からを「ゲルマン民族の大移動」と言う。しかし本当は他の諸族もいて、もっと前からゾロゾロと移動してきていたようだ。

ドナウ川（黒海《ブラックシー》の西岸が河口）を、ずっとさかのぼるとブダペスト（ハンガリーの首都）、そして、さらに200キロメートルさかのぼると、帝都ウィーンに至る。

さらにさかのぼると、ライン川に近づく。ここで、この2つの大河の上流はいくつもの運河でつながっている。

ローマ帝国《エムパイア》（共和国《リパブリック》でもあり続けた）の領土は、このドナウ川（ダニューブ川）とライン川（だいたいがドイツとフランスの国境）を結ぶ線から下（南）である。

ゲルマン民族とフンヌ人の移動
（AD300年代後半〜500年頃）

私たちは「ゲルマン民族の大移動」と習った。しかし、ゲルマン民族の中心であるフランク族（ドイツとフランスをつくった）は、ほとんど移動していない。アングル族（アングロ人）、サクソン族（ザクセン人）もそうだ。それよりも、もっと北の方（ノルウェー）から攻めて（移住して）きたノルマン人（ヴァイキング）、デーン人が重要だ。ゲルマン諸族とされているゴート族、ブルグント族、ランゴバルド族（イタリアのロンバルディア平原に定住した）は移動した。

「ゲルマン民族大移動の物語」は、ゴート族のアラリック大王と
ヴァンダル族のガイセリック大王が中心。
その次に、西暦400年代、アジアから匈奴《フン(ヌ)》(フンヌ人)のアッチラ大王が来た
このあとマジャール人(今のハンガリー人)になった。
アヴァール人(柔然《じゅうぜん》)もチュルク(トルコ)系である。

ゲルマン民族の大移動と私たちは習う。

しかし、ゲルマン族の中心のフランク族は、元々、今の北ドイツやフランス（ガリア）にいたのである。だから彼らは、「民族大移動」などしていない。

それ以外のチュルク人（トルコ系）、たとえばアヴァール族（柔然《じゅうぜん》）たちが、速攻で移動してきた。もっと先住民のガリア人（今のフランス人）はゴール人であり、ケルト族（ルーン文字という絵文字を持つ）の一種であるとされる。

「ＡＤ３７５年のゲルマン民族の大移動」のずっと前から、遊牧民が、トラキア（今のブルガリア）やダキア、ダルマチアなどに、ずっと居《い》たのだ。

それを「何人」「何族」と呼ぶかは、見つかった遺跡と帝国だったローマ側の文献の中の呼び名から決められただけだ。

ＢＣ５００年、ヨーロッパにまで来て広がったフン（ヌ）人はトルコ系（チュルク人）である。だから、のちのアジア東部の大平原の突厥《とっけつ》、ウイグル、契丹《きったん》（遼《キタイ》）などと同じだ。

さらにのち（ＡＤ１２００年から）のモンゴル人もチュルク系である。韃靼《だったん》人（タタール人）も、満州人（日本人はこの一種だろう）も、チュルク系である。

東ローマ帝国の周りで生きてきた遊牧民・チュルク人（トルコ系）

ここで大《だい》問題となるカザール人（ハザーラ人）が出現する。ＡＤ５００年からＡＤ１０００年ぐらいまで、５００年間、カスピ海と黒海の北にいた。カザール（ハザール、ハザーラ）王国をつくって、なんと、ユダヤ教（ただしモーセ5書《トーラー》のみ。戒律書《タルムード》を嫌った）を、ＡＤ７４０年に自分たちで決断して国教にした。

彼らカザール人が、のちのアシュケナージ・ユダヤ人だ。今のイスラエル・ユダヤ人の８割は、１８８０年ぐらいからイスラエルに移り住んできた、この人々である。このことを公然の秘密にしたまま、今の世界史（学）は出来ている。

カザール王国もチュルク人である。その弟分がマジャール人（元はフンヌ人）で、今のハンガリーに移動して定住した。マジャール人はフンヌ（匈奴）の一部族から始まった。だから彼らもチュルク人である。

カザールのもうひとつの弟分（朝貢していた）がスラブ人である。北スラブ人（族）の結集体がこれが今のポーランド人である。スラブ人という白人種（コーカソイド）だ。

カザール人のさらにもうひとつの弟分であるブルガール人（ブルガン人）も、やっぱりチュルクである。今のブルガリア人である。だから、これら遊牧民《ノウマド》は、すべて（スラブ人を除く）が東アジア（東方《イースタン》）からやって来たチュルクである。

フィンランドもフンランドである。チュルク系は、すべて、赤ちゃんの時に、蒙古斑《もうこはん》の青いアザがある。

彼らは、ＡＤ４００年代からあとは、コンスタンティノープルを帝都とする東ローマ（ビザンツ）帝国の周《まわ》りで、ＡＤ１４００年代まで１０００年間を、遊牧民としてずっと生きてきた。このイメージで、大きく世界史を見るべきだ。

ビザンティウムは、元々、ブルガール人の町だった。ビザンティウム（ビザンツ）という言葉は、ＡＤ３００年にコンスタンティヌス帝がここを占領して、ここに東《イースタン》ローマ帝国を移したからだ（ＡＤ３３０年）。

それから１１００年後のＡＤ１４５３年に、コンスタンティノープルが陥落して、最後の皇帝コンスタンティノス11世が壮絶に戦って死んで、ビザンティン（ビザンツ）帝国は消えた。勝者はオスマン・トルコ帝国のメフメト2世である。このあとスレイマン大帝が出てくる。

つまり、遊牧民《ノウマド》は、すべて大きくはトルコ系（チュルク人）だ。イラン高原（の東のホ

カザール王国(900年代初め)

カザール国はユダヤ教(トーラー)を
国教にした(740年)。
A・ケストラー著『第13(番目のユダヤ)支族《トライブ》』で
重要性が明らかになった。この国から世界史
が大きく分かる。

ところが南からのイスラム軍ではなく、なんと、北から攻めてきたノルマン人(ヴァイキング)に負けて滅んだ。AD965年、サルケル砦が落ちた。このあと首都イティルの陥落はAD1016年。その前にカザール人は徐々に東欧に移動(離散)した。

ラサーン）と、そのもっと北の中央アジア（今はウズベキスタンなど5カ国）に入って来たのも、チュルク人である。

このあとAD1200年から興ったモンゴル帝国（AD1206年に、チンギス・ハーンがクリルタイ〈大会議〉でカアーン＝大可汗＝皇帝になった）が、その30年後には、もうずっと西洋の方まで攻めてくる。1241年、ポーランドのワールシュタットでの戦いだ。モンゴル帝国はもうこれ以上は西欧を攻め取らなかった。だから、西洋人はホッとした。今でもそう思っている。

このモンゴル帝国をつくったのもチュルク人である。元は突厥《とっけつ》、ウィグル族である。モンゴル族という民族《ネイション》がいるかのように私たちが信じ込むから、世界史の大きな理解に到達しないのだ。思考がバラバラになる。

何とか族、かんとか族、〇〇人、〇〇人とものすごく細かい分類に嵌《はま》ってしまって、訳《わけ》が分からなくなる。これが世界史（学）の罠《わな》だ。世界史を勉強することの混乱と困難の原因（元凶）だ。

これからは、物事を大きく大きく理解することを、私たちは目指すべきだ。

中国の歴代帝国もチュルク人がつくった

モンゴル帝国は匈奴《フンヌ》・突厥・ウイグル・契丹・遼などチュルク人系が混血し、統合された帝国にすぎない。モンゴル語の元の文字はウイグル語（文字）である。

今のトルコ政府（首都アンカラ）が大切にして国宝にしている四角い石柱の石碑が一本ある。その石碑に、ここでトルコ系の先祖が始まった事実が刻み込まれている。

この石碑の現物はトルコの首都アンカラにある。そのレプリカが飾ってあるのがキヨルテギン石碑（別名、突厥碑《とっけつ》）といい、今のモンゴルにある。

ウランバートルから西へ200キロメートル。かつてのモンゴル帝国の首都だったカラコルムのそばである。カラコルム（今はハラホリン）から北に50キロメートルだ。

この第二チュルク帝国（突厥《とっけつ》）の英雄（ビルケ・ハーン王《カガン》の弟）キヨルテギンの死（AD731年）を刻んだものだ。この碑文をオスマン・トルコ帝国も大切にして、自分たちの起源であるとした。

だから大きくは、中国の歴代帝国（王朝）をも、突厥・ウイグル・契丹《キタイ》（遼）のチュルク人が、北、あるいは西の方から襲いかかってつくったのだ、と中国史を考えるべきだ。

そうすると大きく中国４０００年（ＢＣ２０００年の夏《か》の国を入れて）も分かってくる。

ＢＣ２２１年に、中国が統一して、最初の帝国《デエグオ》がつくられた。始《はじ》まりの皇帝、始皇帝《しこうてい》となったのは、秦《しん》の王の政《せい》である。この秦の始皇帝は、どうも、ずっと西方の方からやって来た、ヒッタイト（ＢＣ１７００―ＢＣ１２００年）系だと思う。あるいはイラン高原に古くからいた遊牧民だったのではないか。

私は西安《シーアン》の北方の秦居の兵馬傭《へいばよう》を20年ぐらい前に見に行って、粘土の精巧な兵士たちの像を見ていて、「どうも彼らはヒッタイト（ハッティ）のようだ」と強く感じた。強い鉄製の車軸《しゃじく》と鉄器を持っていたからだ。

北魏《ほくぎ》というＡＤ３３７年に興った国（慕容皝《ぼようこう》が燕王《えんおう》となる）は、鮮卑《せんぴ》（族）の、拓跋《たくばつ》氏というチュルク人がつくった国である。正確には、ＡＤ３８６年に、東《とう》晋帝国から自立して、３９８年に北魏帝国となった。

北魏は日本（倭人《わじん》）の朝貢を受けていない。今の上海の辺り（呉《ご》の国）に当時は宋《そう》という帝国があった（ＡＤ９００年代からの宋とは違う）。この宋に朝貢（倭《わ》の五王という）している。

そして、ＡＤ６００年代からの隋、唐の帝国（王朝）も遊牧民、即ち、大きくはチュルク系である。「五胡《ごこ》十六国《こく》」のうちの羌《きょう》がつくった、と最近の中国の学者たちが言っている。大きくは鮮卑族の一部族だ。匈奴《フンヌ》とは仲が悪くて、これを滅ぼした。

中央アジア史を大きく理解する

ここで再度、整理して書く。

スキタイは、BC600年（紀元前7世紀）には消滅した。これがAD300年代に、カスピ海、大平原に、BC200年頃から匈奴《フンヌ》が出現した。

黒海の方に出現した。それに脅《おび》えた先住のゴート族やアヴァール族（中国では柔然《じゅうぜん》）が、ドナウ川を越えてローマ帝国領に入り込んできた。匈奴《フンヌ》は、AD50年頃には、中国の北部の大平原から消えている。それが今のハンガリーに現れた。

このあと、突厥、そしてウイグル、契丹、即ち、トルコ系（チュルク人）の遊牧民《ノウマド》が現れる。彼らがAD300年代の中国で「五胡《ごこ》十六国」と呼ばれて、鮮卑《せんぴ》族が中心だ。鮮卑族がAD168年に草原の民を大きく統一した。

だから、次のAD400年代にこの鮮卑が北魏《ほくぎ》（建国386年）をつくった。次のAD

600年代には、隋、唐の帝国が、羌《きょう》と呼ばれる今のチベットあたりの人々によってつくられた。すべてトルコ系（チュルク人）である。

唐の時代に、吐蕃《とばん》と呼ばれてチベット人が唯一強かった時がある。AD763年に「安禄山（史思明）の乱」の最後の年に、吐蕃（チベット）が長安に攻め込んでいる。

突厥《とっけつ》（AD552年建国）ができるよりも前に、匈奴《フンヌ》のアッティラ大王は、AD436年から中央ヨーロッパ草原一帯を支配した。ローマ市まで攻め込もうとして和解金（大量の金《きん》）をもらった（AD452年）。この翌年に、アッティラは死んだのでローマは荒らされないですんだ。

匈奴《フンヌ》のアッティラ王からマジャール族が出てきた。今のハンガリー人だ。だから、マジャール人もトルコ系（チュルク人）なのである。今はスラブ人の国に包まれているが、「マジャールはマジャールだ」と言い張るので、周《まわ》りが黙ってしまう。この土地にあとから移り住んできて混った人々がユダヤ人（ユダヤ教徒）である。

マジャールはカザール王国の弟分で、カザール王国に朝貢していた。このカザール王国が、ユダヤ教（モーセ5書）を国教にした（AD740年頃）。

カザール王国（ハザラ国）は、東ローマ帝国の弟分であり、ドン川とヴォルガ川の接するあたりに、重要なサルケル砦《とりで》を帝国の資金で造ってもらった（AD834年）。ここが、今のボルゴグラード（旧スターリングラード）である。きわめて重要な地点なのだ。サルケル砦（要塞）を造った130年後の965年に、カザール王国は北からのノルマン人の攻撃で弱体化し、サルケル砦が陥落した。カザール人たちは、徐々に、どんどん東の方へ移住していった。

それが東欧系ユダヤ人であるアシュケナージ・ジューである。彼らは、「アブラハムの孫のヤコブが生んだ12人の息子（12支族《トライブ》）」とは無関係の、イスラエルに住んだこともない「第13（番目の）支族《トライブ》」なのである。

だから東欧やロシアから「私の先祖の地はユダ（ヤ）王国だ」と、イスラエルに移住（自分たちでは帰還《きかん》と呼ぶ）してきた人々はセム族（Semite《セマイト》）ではなく、ヨーロッパ白人である。今のイスラエル人女優のナタリー・ポートマンがその代表である。

カザール王国とノルマン人が西欧に打撃を与えた

キリスト教は、本当は「ゼウス教」

キリスト教に詳しい人は、AD325年の「ニカイア公会議《こうかいぎ》（宗教会議）」（ニケーア信条）のことを知っている。

時代はもう東ローマ（ビザンツ）帝国（コンスタンチノープルに5年後の330年に遷都《せんと》した）に移りつつある。「AD395年からの東帝、西帝」と言うが、私は「ローマ放棄」だと思う。

当時、ゲルマンやらの蛮族の侵入、攻撃が激しくて首都のローマをもう支えきれなくなっていたのだ。

ニカイア公会議で、いわゆる三位一体《さんみいったい》（トリニティ）が決定された。神性は、「神とその子と精霊《ホーリースピリット》」の3者によって分有される、という理論（アタナシウス派）が勝利した。このとき、アリウス派が異端《ヘレシー》とされ追放された。

私が考えるアリウス派の主張は、「イエスはひとりの人間である。大神はゼウスである」という思想だ。私はこの思想（理論）が正しいと思う。三位一体はわけがわからない。特に、精霊（オウリー・スピリット）というのは、今も意味不明だ。

父（ゼウス）とその子（イエス）というだけなら、それでいい。キリスト教は、本当はギリシア神話のオリンポス山《ざん》で神々の主神ゼウスを祭《まつ》るゼウス教である。ユダヤ（ヤハウェ神）教とは関係ないと私は思う。

このＡＤ３２５年のニカイア（ニケーア。今のトルコの西部の都市）公会議は、強かったコンスタンティヌス大帝（在位３０６～３３７年）が主宰して、たくさんの司教《ビショップ》たちを集めて議論をさせた。東ローマ皇帝コンスタンティヌス帝（47代）は、リキニウス帝（46代）を戦いで破って即位した（３０６年）。コンスタンティヌス自身は、アリウス派として死んだ（３３７年）。

先代のリキニウスは、自分が信じるギリシアの神々（オリュンポス12神）を信仰していた。

そしてキリスト教徒の信仰も認める「信仰の自由」（ミラノ勅令《オルディナンス》）を出した。

だが、キリスト教徒たちの増長が激しくなったので、怒った。それで、キリスト教徒をローマで迫害し、キリスト教に理解のあるコンスタンティヌスとぶつかった。

原始キリスト教団はエルサレムにいなかった

キリスト教へのローマでの最後の大迫害は、303年にディオクレティアヌス帝（44代）によって行なわれた。ここからの話は、案外、あまり知られていない。

このあと、「やっぱり私は自分の信じるギリシア（ローマ）の神々を祭る。キリスト教の貧困者救済の考えは偽善《ヒポクリシー》だ」というローマ皇帝たちが何人も出てくる。それでもすでに劣勢である。ローマの貴族たちまでが、キリスト教にかぶれて入信していたからだ。

〝背教者《レネゲイド》〟の烙印《らくいん》を押されたユリアヌス帝（49代。在位361～363年）は素晴らしい皇帝である。作家の故・辻邦生《つじくにお》氏が『背教者《はいきょうしゃ》ユリアヌス』（1972年刊　中央公論社）を書いて、先駆的に日本人に大きな真実を教えてくれた。

ユリアヌスは、キリスト教徒から〝異教《いきょう》を信じる者〟（裏切者。背教者《レネゲイド》）と呼ばれ出して嫌われた。ユリアヌス帝はギリシアの神々を復興させようとしたのだ。こういう立派な権力者たちがまだいたのである。

このユリアヌスの40年前の皇帝《インペラートーレ》に、コンスタンティヌスがいた。

コンスタンティヌス帝（47代）がキリスト教にかぶれたのは、母親のヘレナ Herena の影響が大きい。この皇母ヘレナはコンスタンティウス帝（2代西方正帝）の后《きさき》だった女性で、この人が重要である。

今のイスラエルに観光旅行に行くと、この聖女ヘレナが、あちこちを発掘して回った遺跡に巡り合う。その遺跡が発見されたのは、まさしく息子のコンスタンティヌス帝がニカイア公会議を開いた（325年）頃である。

ヘレナは東ローマ軍の兵隊を何百人も引き連れて発掘調査をしたのだ。彼女が「イエスが磔《はりつけ》にされた十字架の木を発見した」ことになっている。この場所が、ゴルゴタの丘＝聖《せい》墳墓《ふんぼ》教会だ。エルサレムの神殿の丘の西2キロメートルでエルサレム市の西側である。

それから、エルサレムから10キロメートル南にベツレヘムの町を発見した。そして「この馬小屋でイエスさまが生まれた」と認定した。しかし、これは間違いである。

イエスはずっと北方のナザレ（ローマ軍の大駐屯地のツポリのそば）で生まれて育ったのだ。

生まれたあと、ヘロデ王の幼児の集団殺しがあるとして、イエスは両親と共にエジプトに逃れたと『新約聖書』では書かれている。それでエジプトに避難した、と。

実はイエスは、エジプトになど逃げていない。イエスは北のナザレで生まれて、30歳で布教を始めるまでずっとナザレにいたのだ。

ナザレ近くの母親マリアの実家の「ベツレヘム地区」に、井戸が見つかっている。世界中のキリスト教徒は、今はこっちのイエスの本当の生地ナザレの方を拝《おが》みに行く。

皇母ヘレナが、エルサレムに来て大規模な発掘作業をした（ＡＤ３２５年頃）。ということは、当時、キリスト教徒はこの辺《あた》りには全くいなかったということだ。アルメニア教会だけが、在《あ》ったのではないか。

おそらく、イエスの生地にキリスト教徒は、３００年代になるまで住んでいなかった。「原始キリスト教団」は、帝都ローマ市に在《あ》ったのであって、イスラエル＝パレスチナには無《な》かったのだろう。

コンスタンティヌ帝と母ヘレナ

聖母子に
コンスタンティノポリスの
街を捧げる
コンスタンティヌス帝の
モザイク画
(AD1000年頃)

『聖ヘレナ』
チーマ・ダ・
コネリアーノ
AD1495年

コンスタンティヌス帝は
母ヘレナの影響で
キリスト教にどっぷり浸《つ》かった

現地でイエスの物語が人々に熱心に語られるようになったのは、このヘレナのようなイエスの教えに心酔したギリシア人（元ローマ人）たちが来るようになってからだ。だからこのキリスト教はギリシア正教なのだ。

そして、ヘレナも息子のコンスタンティヌス帝もローマから移ってきた。ローマ語よりも高級語であるギリシア語で読み書きをしただろう。

彼らはだんだんローマ語（のちのラテン語）を忘れていった。自分がローマ人なのか、ギリシア人（こっちが高級で上品。今のフランス料理のような感じ）なのか、だんだんわからなくなっていったのだ。

この事実が、日本人知識層になかなか分かりづらい。東ローマ（ビザンツ）帝国という大《だい》帝国が、捉《とら》えどころがない理由である。彼ら自身が、「ギリシア文化（文明と言ってもいい）に強くあこがれたローマ人」だからである。

東ローマ帝国は、このあと、1100年後の1453年に、オスマン・トルコ帝国（スルタン・メフメト2世）に滅ぼされるまで、立派な大《だい》帝国だった。

ゲルマン民族を嫌った皇帝と教皇

東ローマ帝国の帝都コンスタンチノープルは、元々はビザンツという町があって、現住民のブルガール人（今のブルガリア人）の町だったところを、コンスタンティヌス帝が占領してここに遷都した。

だから欧米人が東ローマ帝国と呼んだり、ビザンツ帝国と呼んだりする。彼らも呼び名で困っているのだ。

ある事件や時代の呼び名を決めつけることは、歴史学者たちにとってなかなか難しい。たとえば「フランス革命」だって「産業革命」だって、そんなものは無かった、と言えば、無かったのだ。こういう事情を日本人に正直に説明する本がない。

このあと西暦３９５年に、ローマ帝国は「東ローマ帝国、西ローマ帝国に分裂した」と世界史で教える。53代テオドシウス帝（在位３７９〜３９５年）の時だ。彼が３８０年に、ついにキリスト教を国教にすると決めた。

「東ローマ帝国、西ローマ帝国」などと説明するから複雑になるのだ。真実は、このあと３９５年で西ローマ帝国は、もう滅んでいる。

次々とゲルマン諸族ではない、もっとすごい蛮族（代表、ヴァンダル族）が、ローマにまで襲い掛かってくる（侵入）ものだから、ローマ帝国は彼らに和解金（なだめすかし代）を払うのに困ってしまった。

ＡＤ２００年代には、ゲルマン諸族の傭兵隊《マーシナリー》の暴力団のような者たちをローマ帝国は雇っていた。彼らが暴れ出すので、もうすでに潰《つぶ》れかかっていたのだ。

正式に、西ローマ帝国が滅んだ（終焉《しゅうえん》）のは、シナムで４７６《シナム》年ということになっている。だが、ＡＤ３００年代には、すでにローマは死に体だ。

その中でも、ローマ・カトリック教会（ラテラノ地区の主教座）だけが荒廃したローマの中で頑張って存在した。そしてゲルマン諸族や蛮族（起源は、ずっと東の方の、突厥《とっけつ》ウイグル族などのトルコ系＝チュルク人の遊牧民）の族長たちを折伏《しゃくぶく》して、キリスト教というありがたい光輝く人間救済の思想を下げ渡して、教え込んで、教化、洗脳、帰依《きえ》させていった。

ゲルマンの王たちは、このカトリックの狡猾《こうかつ》なやり口をよく分かっていた。だが、見かけが自分たちより立派なものだから、これに従った。

このあとのゲルマンの王たち、クローヴィス（４８６年）、ピピン（７５６年）、シャルルマーニ（カール大帝、800年）、オットー（962年）の話は、この本ではしない。別の本で書く。

大きく言えば、ゲルマン族からフランク王国（今のドイツとフランス）という国が出来た、ということだ。それを正統で継いだのがハプスブルク家だ。

1400年代からの神聖ローマ帝国《ホウリー・ローマン・エムパイア》のハプスブルク家のウィーンの皇帝たちは、ローマ教会（ヴァチカン）のことが1800年代になっても、ずっと嫌いである。ウィーン（ハプスブルク家）とローマ（ヴァチカン）は、このあともずっと、仲が悪いのだ。

この皇帝とローマ教皇の対立という、ヨーロッパの1500年間を貫く大きな真実を、日本人がよく分かっていない。

ヨーロッパ国家の始まりはみすぼらしい

ヨーロッパの国々は、それぞれいつ建国（国の始まり）されたのか？　ヨーロッパの各王家は、それぞれいつ始まったのか。私はこのことを索《さく》った。

するとなんと、どの国も始まり（建国）はみすぼらしいのである。びっくりするくらいのしょぼさ、粗末《そまつ》さ、である。日本を代表する大企業も、始まりは六畳一間の土間の町工場から始まったこととよく似ている。

あの偉そうにしているヨーロッパの白人たちの国家の始まりは、その起源は、チュルク人（トルコ系。アジアの大草原を渡ってきた遊牧民）か、そうでなければ、スカンジナビア半島発祥のノルマン人（ヴァイキング）なのである。

ドイツとフランスはフランク王国だから別だ。ところがイギリスとロシア、ポーランドもハンガリーも、西暦800年ぐらいに出来た国だ。その前は、ないのである。古代ローマ帝国が滅んで、ローマ人たちが、ぞろぞろ引きあげていったAD400年代からあとが、はっきりとしない。

このあとの400年間ぐらい、実はヨーロッパはよく分からないのだ。文献（史料）もあまりない。

次に、「ゲルマン民族の大移動」と、誰でも知っている世界史の基礎知識が出て来る。普通の日本人が知っている古いヨーロッパについての知識は、この「ゲルマン民族の大移

ノルマン人の侵攻

北から攻めてきたノルマン人(ヴァイキング)たちによってヨーロッパ諸国は建国されたのだ

860年、ノルウェー国の建国者ハラール1世に、「ノルウェーから、出て行け」と言われたノルマン人の部族長たちが、ヨーロッパに散らばり、襲いかかった。これがノルマン人の民族移動である。

いのだから。

動」だけだ、と私は思う。これはこれでいい。実際に、これしか他に私たちは習っていな

ところが、ゲルマン族（その中心のフランク族）は、ほとんど移動していないのだ。

375年に、ドナウ川（ダニューブ川）を、ゴート族が背後からフン（ヌ）人（匈奴《フンヌ》）に追われて、必死で渡ってきた。それをローマ帝国（ヴァレンス帝51代）は押しとどめることができなかった。こうして、チュルク人（トルコ系）の遊牧民《ノウマド》が、次々と西欧に移動してきた。

だからゲルマン人が移動してきたのではなくて、チュルク人が移動してきたのだ。

このあとだ。それで各国は、どのように建国したか、だ。

なんと、ゲルマン民族とは関係なしに、ヨーロッパ諸国は、北方のノルマン人（ヴァイキング）の北からの侵入、侵略によって建国した。

たとえば、あの一番威張っている英国《イングランド》を建国したのは、エグバート（Egbert 在位829―839年）というノルマン人（ヴァイキング）である。エグバートをサクソン人だ、としているが、怪しい。

だからイングランドの建国は、829年だ。「アングロ・サクソン7王国」があった、

というのはウソだ。彼らがいたのは、イングランド南部のちっぽけな地域だ。

イギリスの建国は、ヴァイキングの王である、このエグバートによる829年だ。このことをイギリス史は不承不承《ふしょうぶしょう》、認めている。

エグバート（エグベルト）はサクソン（ドイツのザクセン地方。中部のライプニッツ辺り）から来たということになっている。だが、どう考えても北方の人間だ。このあとのアルフレッド大王の話は作り話だ。〝アーサー王伝説《レジェンド》〟と同じようなものだ。

今の欧米知識人の態度は、「ローマ帝国の支配が終わった（AD400年代）、あとのヨーロッパは、400年間ぐらい、本当はよく分からないんだ。文献証拠がほとんどない。1000年代になってはっきりする」である。

カザール王国を滅ぼしたノルマン人

続いてロシアはどのように建国されたか。

ロシアを建国したのは、ノルマン人（ノルウェー人、ヴァイキング）のリューリクRyurikという男だ。AD862年に、ノヴゴロド王国を建国した。

だから、ロシア国は、ＡＤ１６１３年に次のロマノフ王朝に代わるまでは、ずっとリューリク王朝だ。

リューリクの息子のオレーグ（イーゴリ）がＡＤ８８０年に、キエフ公国を占領し支配したときからが、ロシア建国とするのかもしれない。だが、彼はヴァイキングだ。

大事なことは、前述したアーサー・ケストラー著『第13支族《トライブ》』"the Thirteenth Tribe, 1976"に、これらのヨーロッパ各王家の始まりの大きな真実が書かれていることだ。この『第13支族』は、現代世界史を塗り替えた大著である。

この本は、カザール（ハザーラ）王国というのが、西暦５００年代からカスピ海の北岸と今のウクライナに興《おこ》って、１０１６年まで５００年間あったとする。

このカザール王国は７４０年に、計画的にユダヤ教（ただしモーセ5書のみ）を国教に採用した。このカザール王国は、東ローマ（ビザンツ）帝国の弟分のような国で、ずっと仲がよい。共に、南のイスラム帝国（アッバース朝。首都バグダード）からの脅威と戦った。

８６５年に、重要なサルケル砦《とりで》という要塞を、ドン川とヴォルガ川の接近地（ここが、今のボルゴグラード。かつてのスターリングラードだ）に、東ローマ皇帝の資金で造ってもらった。

『第13支族』 原書の正しい訳
“The Thirteenth Tribe, 1976”

アーサー・ケストラー著
Arthur Koestler（1905〜1983年）

写真：иллюстрация

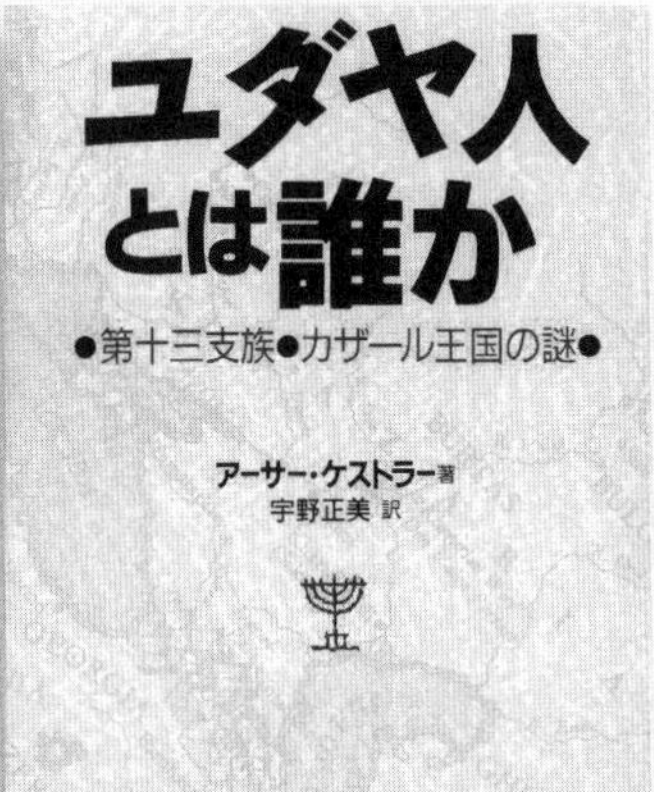

原著は1976年刊。
日本語版は1990年刊、『ユダヤ人とは誰か』（三交社）

そしてカザール国は、ポーランド人（スラブ人）とハンガリー人と、ブルガリア人を家来というか、属国、朝貢国にしていた。元々はチュルク人（トルコ系）の遊牧民の国である。

ハンガリーの建国者は、英雄アルパードArpad（在位896—907年）でカザール王に薦められて王になった人物だ。

一方、ポーランド初代王ピアストPiast（在963—992年）は、元気な農民だ。カザール王に忠実だった英雄アブラハム・プロコウニクが選んだ。彼は偉大なスラブ人の結集者である。1386年にヤキエヴォ（ヤゲロー）朝になるまで、ずっとピアスト朝である。

カザール王国の首都イティルは、ヴォルガ川がカスピ海にそそぐ地にあった（P69の地図参照）。ここが滅んで200年後に、ここが、モンゴル帝国の西征《せいせい》の拠点となった。温暖で大草原の豊かな土地だったのだろう。

羊と牛と馬を何百万頭も飼える場所でないと遊牧民は生きてゆけない。2000年前は、地球上は今より草原が多くて、砂漠化していなかったようだ。

ここにジョチ（チンギス・ハーンの長男）と、その子バトゥを頭目として、キプチャク汗《ハーン》国を建てた。そして現住民であるロシア人（ルーシ）を240年間、厳しく支配した。「タタールの軛《くびき》（頸木《ヨーク》）」という。

この元《もと》イティル都が、モンゴル・サライ（のちにアストラハーン）になった。サライというのは、冬の家畜の大集合地のことだ。

この頃、カザール王国は、南から攻め上がってくるイスラム軍（サラセン軍）と戦った。この時のイスラム帝国（イスラーム共同体《ウンマ》）はアッバース朝（首都バクダード）である。バクダードのカリフ（預言者ムハンマドの血筋で教主）は、東ローマ帝国と戦い続けたから、その弟分のカザール王国とも戦った。

ところが、何とカザール王国を滅ぼした（AD965年、前述のサルケス砦陥落が痛かった）のは、南のイスラム（アラブ人）ではなくて、北方から攻めて来たノルマン人（ヴァイキング）だったのだ。

だからこのあとノルマン人が、今のロシア（モスクワ公国）とウクライナ（キエフ公国）をつくったのだ。それぞれモスクワ・ルーシとキエフ・ルーシという。ルーシがロシア人になった。

もうひとつ、白《はく》ロシア国があるが、まさしくベラ（白）ルーシである。

ルーシはヴァイキングであり、北方から川づたいに来た。川が終わったら、陸路は舟を担いで別の川に移った。そうして南下して攻めてきた。肌は真っ白である。

今のウクライナ人が真っ白なのは、キエフ・ルーシが純白白人（元々はノルウェー人）だからだ。

キエフ・ルーシと違ってモスクワ・ルーシは、このあと１２３８年から攻めて来たモンゴル（これもチュルク人）に、ヘコヘコと取り入って卑屈に従属した。

それに対して、キエフ・ルーシ（ウクライナ人）は誇り高く抵抗して、モンゴルへの献上金（朝貢《ちょうこう》金）をイヤがった。それで、キエフの王族や指導者たちは、毎年のように何十人と首をはねられた。

モンゴルに対して卑屈な態度を通したモスクワ・ルーシ（モスクワ公国）の方が、どんどん大きく立派になった。このことに、今もウクライナ人（キエフ・ルーシ）たちは怒っているのだ。だから、ロシア人とウクライナ人は、ほとんど言葉も同じであり兄弟みたいなのに仲が悪い。

「タタールの軛《くびき》」という言葉はタタール（韃靼《だったん》人、モンゴル人）の軛＝頸木《くびき》、即ち首に課せられた首枷《かせ》のことで、モンゴル（キプチャク汗《ハーン》国。１４８０年に滅んだ。イヴァン３世の

世界史の6大勢力

カザール王国とノルマン人（ヴァイキング）から
ヨーロッパの各王家が始まった

紀元後500～1000年の世界

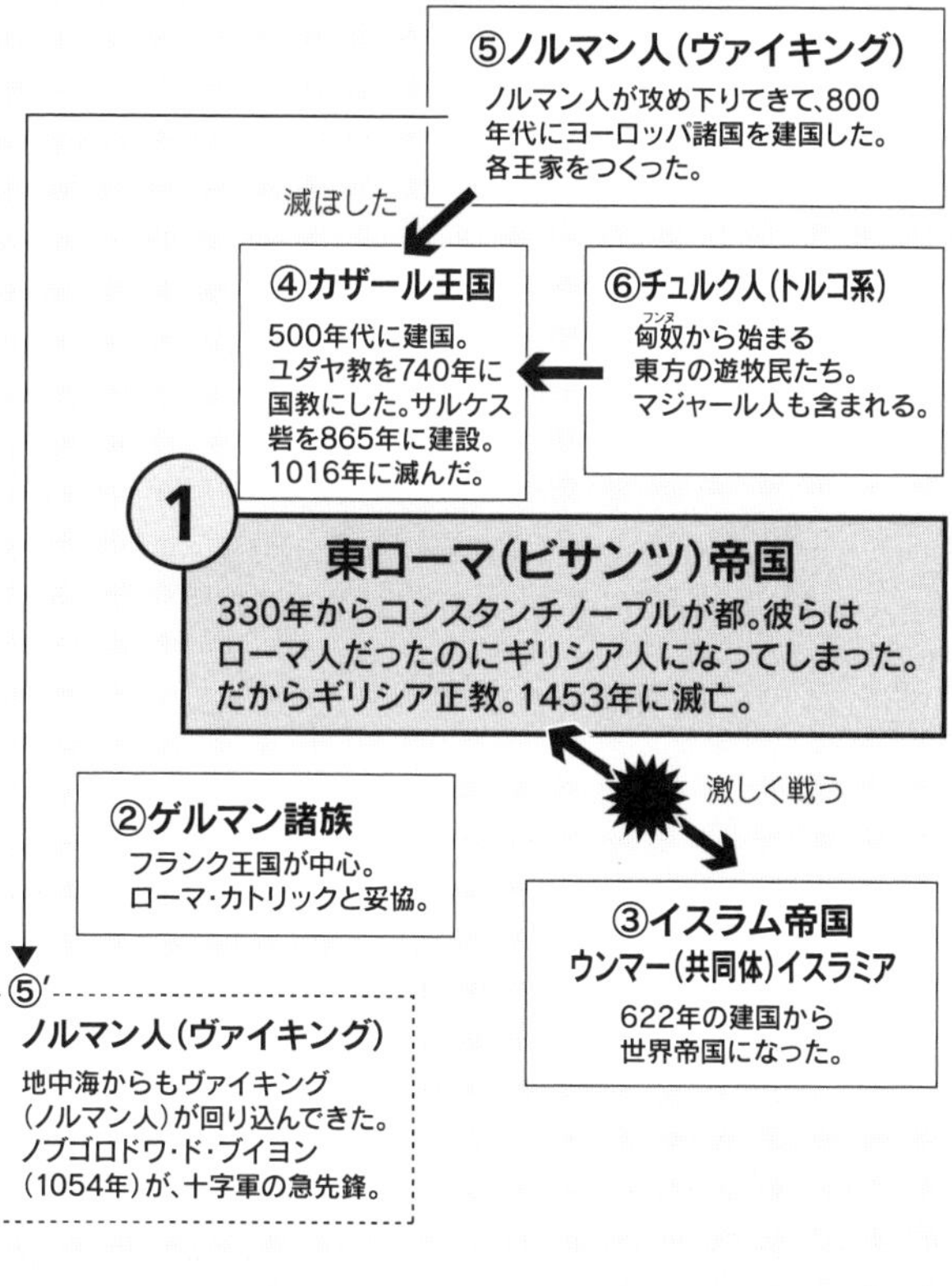

とき。その子がイヴァン4世。イヴァン雷帝《ザ・テリブル》が、240年間にわたって自分たちを虐《いじ》めた、と感じている。

それでもレーニンや今のプーチンの顔には、明らかにモンゴル人の血が入っていることが分かる。ロシア人はモンゴル人（チュルク人）との混血である。

ロシアは、北方からのノルマン人と東からのチュルク人の混交によって出来た国だ。

アシュケナージ・ユダヤ人とスファラディ・ユダヤ人

これらのことを、アーサー・ケストラーの大著『第13支族』は、はっきりと書いている（P91に表紙の図あり）。

かつ、ケストラーのこの本は、世界的宗教学者であるアーノルド・トインビー Arnold Toynbee や、ダグラス・モートン・ダンロップ Douglas Morton Dunlop、そして『ローマ帝国衰亡史』（1776〜1788年）のエドワード・ギボン Edward Gibbon、それからアブラハム・ポーリアック Ebraham Poliak（イスラエルのテルアビブ大学の歴史学教授）ら、そうそうたる大《だい》歴史学者たちの考え（理論）を、堂々と使っている本である。

イスラエルの歴史学界の大御所のアブラハム・ポーリアックが、まさしく「現在のヨーロッパ系ユダヤ人はカザール人が起源である説」の中心的な学者なのである。

ところが、このアーサー・ケストラーの『第13支族《ザ・サーティンス・トライブ》』を、きちんと評価して、大きな世界史学の成果だ、と日本で評価しないのが問題である。御用《ごよう》学者たちの勉強が足りないのだ。

この『第13支族』は、１９７６年刊である。やっと日本語訳（三交社刊）が出たのが、１９９０年である。

本書のP9に示した4冊の本の、この1番目の大著『第13支族』と、2番目の『想像（幻想）の共同体《イマジンド・コミューニティ》』（ベネディクト・アンダーソン著、１９８３年刊）と、3番目の『ユダヤ人の発明』（ショロモー・サンド著、２００８年刊）の3冊を読まないで、最新の世界史理解に達することはできない。私はこのように断言する。

4番目の『サピエンス全史』（ユヴァル・ハラリ著、２０１４年刊）は、まあ、つい最近のおもしろい世界史概観《アウトルック》本だ。親本《おやぼん》は、ジャレド・ダイヤモンド著の『銃・病原菌・鉄』（１９９７年刊。日本語訳２０１２年、草思社）である。

アーサー・ケストラーの『第13支族』は、カザール王国の人々が、ユダヤ教

（モーセ5書《トーラー》）を信仰しながら、徐々に、800年代から200年ぐらいかけて、ハンガリー（弟分の国）やポーランド（これも弟分の国）や、ドイツ、ロシアなどに移動していったことを証明した。

それが、アシュケナージ・ユダヤ人である。彼らはこのあとアメリカ合衆国やイスラエルに移住した。彼らは、古代イスラエル＝パレスチナにいたユダヤ人とは異なる。アブラハムにつながるユダヤ12支族《トライブ》に属さない。だから「13番目のユダヤ人支族」だ、とケストラーが考えたのだ。

アシュケナージ・ユダヤ人は、1880年ぐらいから、ポグロム（迫害）を避けて、外国に移住した。また、同時期に興った「父祖の国であるイスラエルに帰ろう」というシオニズム（Sionizm　ザイオニズム、祖国への帰還運動）に共感して、どんどんイスラエルに戻った。

今のイスラエル国民の8割ぐらいは、このアシュケナージ・ジュー（東欧系ユダヤ人）であるようだ。残りのスファラディ・ユダヤ人が2割だろう。

「スファラディウム」Spharadium とは、スペインという意味であり、1492年のディアスポラ（大離散《だいりさん》）で、スペインから世界各地に追放され、移住していったユダヤ人、ということになっている。

その代表は、1492年から、オランダのアムステルダム、ロッテルダム他に移住した「ユダヤ500家族」（思想家スピノザもこの一家）である。

元々の、3200年前のモーセの時代からのユダヤ人は、ずっとイスラエルにいるのか？　そして今もいるのか？　と問うてみたら、どうなるか。どうやら誰もいないようだ。まさしく、このことを、3番目の大著『ユダヤ人の発明』でシュロモー・サンド・テルアビブ大学歴史学教授（今、73歳）が主張した。P5に図示した新聞記事のとおり、古代のユダヤ人は、ペリシテ人になってしまっていて、それは今のパレズチナ人なのである。なんという驚きであろう。

キツネにつままれたような、深い話だ。

そうなると、なぜ、現在、あんなにパレスチナ人（今はアラブ人の一部）と、ユダヤ人（イスラエル人）はいがみ合って、戦争までしなければいけないのか、という疑問になる。

そして、私たちがもっと驚くべき事実がある。私は心底、驚いた。なんと、今のパレスチナ人（ヨルダン川西岸《ウエストバンク》とガザに押し込まれて住む）と、ユダヤ人は、互いにコトバが自然と通じるようだ。

一方はアラビア語を話し、一方は現代ヘブライ語を話しているはずなのに。それなのに互いに話しコトバ（スポークン・ランゲッジ）は通じる、というのである。ということは、紀元前2000年からのアラム語＝古《こ》シリア語を、今でも彼らは話している、ということだ。

ところが、新たにヨーロッパやロシアから帰還してくるユダヤ人の方が、コトバが通じない。彼らは、現代《モダン》ヘブライ語の書き言葉を習得することで苦労する。このことの奇妙さを、私たち日本人は世界史の勉強として注目するべきだ。

マイモニデスとカバラー神秘主義

1100年代のアラビア世界で、最高の知識人だったヨーゼフ・マイモニデス（モーシェ・ベン・マイモン）をご存じだろうか。

彼はユダヤ人のラビでありながら、イスラム教の法学者（ウラマー）でもあるという奇妙な思想家だ。『迷える者たちへの導きの書』（1190年。「モレー・ネブヒム」）を書いて、ヨーロッパにまで名前がとどろいた。

この大著は、ヨーロッパ近代《モダーン》を準備して育てた重要な保育器（インキュベーター）思想である。

マイモニデス（1135―1204年）は、当時のユダヤ商人、イスラム商人、キリスト教商人の3者にものすごく尊敬された。「人間が金儲けをすることを神（ヤハウェ、アッラー、イエス。この3神は実は同一神）は嫌っていない。認めている」という思想を表明した。イスラム教の戒律書《タルムード》の再解釈《さい》（簡素化）によってこれを達成した。営利活動＝金儲け（その別名が合理《ラチオ》と理性《リーズン》）を肯定したことで、ユダヤ人、アラビア人、西洋白人たちから深く尊敬された。マイモニデスが守らなければならない戒律を大きく軽減してくれたことが、ものすごくありがたかった。

このヨーゼフ・マイモニデスの、重要な思想の日本への初紹介を私がしたので、近刊の拙著『金儲けの精神をユダヤ思想に学ぶ』（2018年7月刊 祥伝社新書）を読んでください。

ところが、すぐにこのマイモニデスの『迷える者たちへの導きの書』（1190年刊）への激しい反発が起きた。それが、カバラー神秘主義の思想である。これを「反《はん》マイモニデス事件」（1204年）と言う。ここから、カバリズムCabalismという世界最大の神秘主義《ミスティシズム》の運動が始まったのだ。

『バヒル（光明、啓明）の書』、『ゾハル（光輝）の書』という、神秘主義（カバリズム）の最高の本は、マイモニデスの金儲け肯定に強く反対して、人類に沸き起こった反《はん》マイモニデスの書なのである。

すべての大宗教は2つの対立を抱え込んでいる

日本では、神秘主義というと、もうそれだけで、何も分からないで、「ああ、神秘主義ね。グノーシス教とか、新プラトン主義（ネオプラトニズム）ね」と知ったかぶりを言う。それ以上は誰も知らない。それらの原型が、カバラー主義（カバリズム）である。それはユダヤ人でかつイスラム教指導者でもあった、このマイモニデスに対する、反発、怒りから始まったのだ、と知るべきだ。

神秘主義と言うと、すぐに闇《やみ》の世界の、悪魔たちが棲《す》む、魔界の、星占いの、おどろおどろしい世界だ、ぐらいしか、みんな知らない。その世界が大好きな人がそこに居《い》ればいい。私は邪魔《じゃま》はしない。人間は人《ひと》それぞれだ。

Ｐ１０４の図を見てください。

①ユダヤ教も、②キリスト教も、③イスラム教（そしてアジアの、④仏教、⑤儒教）もその内部に大きな🅐金儲け肯定（合理主義《ラチオナリズム》）と、🅑祈りの生活、体制に従順、そして神秘主義肯定である。この🅐と🅑の大きな対立を抱え込んでいるのである。このことを、私は30年かかってようやく分かった。

私は日本人知識人としての、この30年間の思想研究と学問苦闘の中から、この大きな理解に到達した。

「そんなものは信じられない。お前の勝手な考えだ」と言う人は、それはそれで構わない。私が死んだあと、私が書いて残した本たちへの再評価が起きたとき、「ああ、やっぱり、副島隆彦が書いて主張したことが大きな真実だったのだ」と分かる日が来るだろう。私はそれを待ち続けるしかない。

どの5大宗教の内部も2つの態度に分かれている

①ユダヤ教
②キリスト教
③イスラム教
④仏教
⑤儒教

①〜⑤の各々が、
内部で2つの思想に分裂して争ってきた

A

合理《ラチオ》と理性《リーズン》重視

金儲けと性欲の肯定。
戒律、神秘主義を嫌う。
ムウタズィーラ学派。
現実重視。

B

祈りの生活と救済《サルベーション》
「助けてください」
の重視

宗教体制を守れ。
僧侶と戒律に従え。
神秘主義（カバラ、
スーフィズム、呪《まじな》い、
神秘体験）を肯定。

人類（人間）の5大宗教の中はどこも大きく
ⒶⒷの2つの思想に分かれている。
このために「宗教＝信仰とは何か」で、私たちは長年、
困惑、混乱してきた。

民族・宗教はすべて幻想の共同体だ

ユダヤ教が成立したのはAD200年

ユダヤ教が成立したのは、キリスト教よりも遅い。

えっ？　そんなはずがない、と皆思うだろう。ユダヤ教は、モーセ（BC1250年）の時からだから、キリスト教よりも1200年古いはずだ。ところが、前述したように逆なのである。ユダヤ教は、キリスト教よりもあとに出来た。

現在の世界中のユダヤ研究の学者たちは、紀元（AD）200年からあとの、「ラビたちによるユダヤ教研究」Rabbinic Judaism《ラビニック　ジュダイズム》の研究しかやらないことになっている。

そのように、日本を代表するユダヤ教の研究者である市川裕《ひろし》東京大学教授がはっきりと書いている。ユダヤ教Judaism《ジュダイズム》これは、このままユダヤ思想とも訳せる。

ラビ・ユダヤ教の成立はいつであろうか。成立の目安が二つある。一つは、西暦七〇年のエルサレム第二神殿の崩壊である。これはローマ帝国との戦争（第一次ユダヤ戦争）のさなかの出来事であった。第二の目安となるのが、西暦二〇〇年頃にユダヤ教の法典ミシュナが編纂されたことである。この間にラビ・ユダヤ教が体制を築いたと考えられる。

西暦七〇年も二〇〇年も、キリスト教の成立よりも後である。ナザレのイエスの処刑が西暦三〇年頃で、ペトロとパウロの処刑は五四年頃である。一般にキリスト教はユダヤ教から生まれたといわれるが、ラビ・ユダヤ教の基盤が形成されたのは、キリスト教成立以降である。これは、キリスト教成立後に、ユダヤ社会を変容させる重大な出来事が起こったことによる。それがローマ帝国と戦った二度の破壊的な戦争であり、エルサレム第二神殿の崩壊であった。

（市川裕　著　『図説　ユダヤ教の歴史』２０１５年刊

ふくろうの本　河出書房新社　P5〜6　傍点引用者）

このように、今のユダヤ教の研究者は、AD200年（3世紀）からあとをユダヤ教の成立、始まりとしている。ラビという学者たちが出現して、集まって口伝《くでん》だった先祖の教えを、結集《けつじゅう》して徐々に本《ビブロ》（バイブル。聖典）にした。それはAD200年から後《あと》なのである。

このとき、最大のラビは、ヒレル Hirrel（AD20―90年）という人である。今でもユダヤ人社会で最も尊敬されているラビである。

ラビたちは細々と研究をし続けた

欧米のほとんどの大学にユダヤ教の研究所がある。それは「ヒレル・ハウス」と呼ばれている建物である。この大《だい》ラビのヒレルから50年後の、第3世代のラビの大人物は、アキバである。

アキバ Akiba（AD50―135年）は、AD135年に「第2次ユダヤ戦争」で指導者のひとりとして激しくローマ軍と戦って、捕まって処刑されている。歴代のラビたちの一覧表は、市川裕《いちかわひろし》教授の前掲書のP15にある。

初代ラビのヒレルは、ローマ人の支配を受け入れて、おだやかに暮らした。それでもローマ人の目を逃れて、秘密の集まりのようなものを主宰して、そこで、ミシュナ（一番最初の戒律集。守るべき生活の規範）と、タルムード（これも戒律集）をつくっていったのだろう。

私の考えでは、このラビたちの集まりのときに、『旧約聖書』（モーセ5書）そのものも編まれた。そしてラビたちが書いた、史上初めての「モーセ5書《トーラー》」は、ギリシア語である。ヘブライ語（ヘブライ文字）は、まだ出来ていない。

それなのに、今、イスラエル人たちは、聖典《ビブロ》はヘブライ語で書かれた、と主張する。そうしないと気が済まないのだ。自分たちが、人類史の中で、古い古い民族であり、一番古い。言語も古いと言いたいのだ。

だが、歴史の真実（その後の考古学者たちの発掘に依《よ》る）は、そんなものではない。

エルサレムには、BC1730年に、すでにエルサレム王がいた。この王は、ヒクソス人と呼ばれて、下《しも》エジプトを180年間占領した。彼らはパレスチナ遊牧民である。

そしてBC1376年に、エジプト帝国のアク・エン・アテン王が始めた「アマルナ革命」（18年間で終わり）の「アマルナ文書」の中に、エルサレム王からの手紙が入っている。ということは、「アマルナ革命」から、ちょうど100年後であるモーセたちの「出《しゅつ》エジプト」よりも、500年も前から、エルサレムには王がいたのである。

イスラエル＝パレスチナの支配者であるローマ人たちは、ギリシア語（フェニキア語の一種。アルファベット）で文書を書いている。だから当然のようにラビたちもギリシア語で書いている。しゃべっていたコトバはアラム語《アラミック》（古シリア語《シリアック》）であったろうが。

私の考えでは、ラビたちの多くは、「ユダヤ戦争」に参加せずに、エルサレム一帯にそのまま居残っていた。ユダヤ商人たちから資金の支援を受けながら、知識人として研究を続けた。商人という同族のお金持ちたちがいて援助してくれなければ、聖典づくりの作業はできない。

ローマ軍に睨《にら》まれるのが嫌な他の大半のユダヤ人たちは、さっさとペ、リ、シ、テ、人、に、戻、っ、て、農民になっていただろう。これがP9の3番目の大著『ユダヤ人の発明』のシュロモー・サンド教授が強く主張したことである。

いつの時代も強い信念（信仰心。イデオロギー）を持ったほんのわずかの政治活動家だけが、自分の命を顧《かえり》みずに危ないことをする。ローマ人による厳しい監視と支配は続いていたのである。

だから普通の元《もと》ユダヤ人は、ペリシテ人に戻って、ごく自然な感じで太陽神（バアル神）と豊穣神を拝んだ。「私（ヤハウェ）を拝まないと許さない。天罰を加えるぞ」と、ものすごく嫉妬深いことで有名なヤハウェ神を信仰し続けたのは、ほんの一部の活動家と知識人たちだけだ。

そうやって、知識人であるラビたちによって、「エルサレム・タルムード」が、ＡＤ３９０年に結集《けつじゅう》され完成した（定説）。だが、この時に、実は初めて「モーセ５書」（『旧約聖書』）も書かれて本《ビブロ》になったのだ。こう考えないと自然でない。

それから１００年後のＡＤ４９０年に、バビロニアで「バビロニア・タルムード」が成立している。真実の事実は、どうも大都市（帝国の首都）バビロン（のちのバグダード）にこそ、より多くのラビたちが暮らしていて、ユダヤ教が栄えていたのだ。

バビロンに住むユダヤ人の起源は、定説ではＢＣ５８６年の「バビロン捕囚」の時からである。『旧約聖書』の「ダニエル書」や「エゼキエル書」には、〝王の友〟宮廷ユダヤ人となって、裕福に暮らしているダニエルやエゼキエルの様子が描かれている。この２人はどう考えても予言者《プロウフェト》ではない。指導者《リーダー》ではあっただろう。

そして同じ時代に、エジプトのエフェソス（のちのカイロ）、やアレキサンドリアにも、たくさんのユダヤ商人たちがすでにいた。

同じく、ローマにも、ウィーン（ウィンドボゲプ）にも、パリ（ルテティア）にも、ロンドン（ロンディニウム）にも、ミラノ（メディオラヌム）にも、コンスタンティノープルにも、たくさんユダヤ人がいて、ローマ帝国の支配下で安全に共同体《コミュニティ》をつくっていた。

もしかすると、AD135年（「第2次ユダヤ戦争」の終わり。大離散《ディアスポラ》が起きた）のあと、エルサレムには、ユダヤ人はほとんどい、な、く、な、っ、た、のではないか。みんな、ペ、リ、シ、テ、人、に、なってしまった。そのあと100年ぐらいは、ユダヤ人はエルサレムで公然と暮らしてはいない。

みんなローマ兵に殺されるのはイヤだからだ。そしてほとぼりが冷めた100年後ぐらいに、またユダヤ商人が戻ってきて、細々《ほそぼそ》とラビたちを中心にシナゴーグ（至誠所）をつくって集まったのだろう。

このあとの400年間くらいは、東ローマ（ビザンツ）帝国の支配下で、ユダヤ人たちはギリシア語で文章を書き、穏やかに暮らしていた。

救済を説いたイスラム教の熱狂

そこへ、AD622年からのイスラム教の大嵐が吹く。

イスラム教をつくった教祖ムハンマドは、一時期、都市メディナのユダヤ人たちの住居に逃れて、隠れて暮らしたことがある。そのとき、ムハンマドは、「なんて強欲でイヤな人たちだろう」と辟易《へきえき》した。

ユダヤ教はあまり民衆救済をいわない。戒律（タルムード）を守りさえすればいい。それで、ムハンマドは、キリスト教のイエスの思想（人間の救済《サルベーション》）の真似をした。イスラム教も救済の思想を説く。そうしたら、ドカーンと、またたく間に一気に辺《あた》り一面に広がっていった。

このものすごい「私を助けてください。助けてください」の熱狂《ユーフォリア》、熱病《フィーバー》は、中東全体を越えて、中央アジアにもアフリカにも広がっていった。

学《がく》が全くなかったとされるムハンマドだが、それでもユダヤ教典（モーセ5書）から、ものすごくたくさん学んでいる。「モーセ5書」がイスラム教の聖典「クルアーン」（Koran コーラン）の親本なのである。

イスラム教の3つの聖地

イスラム教は、ユダヤ教とキリスト教を
強烈にコピーした一神教だ。

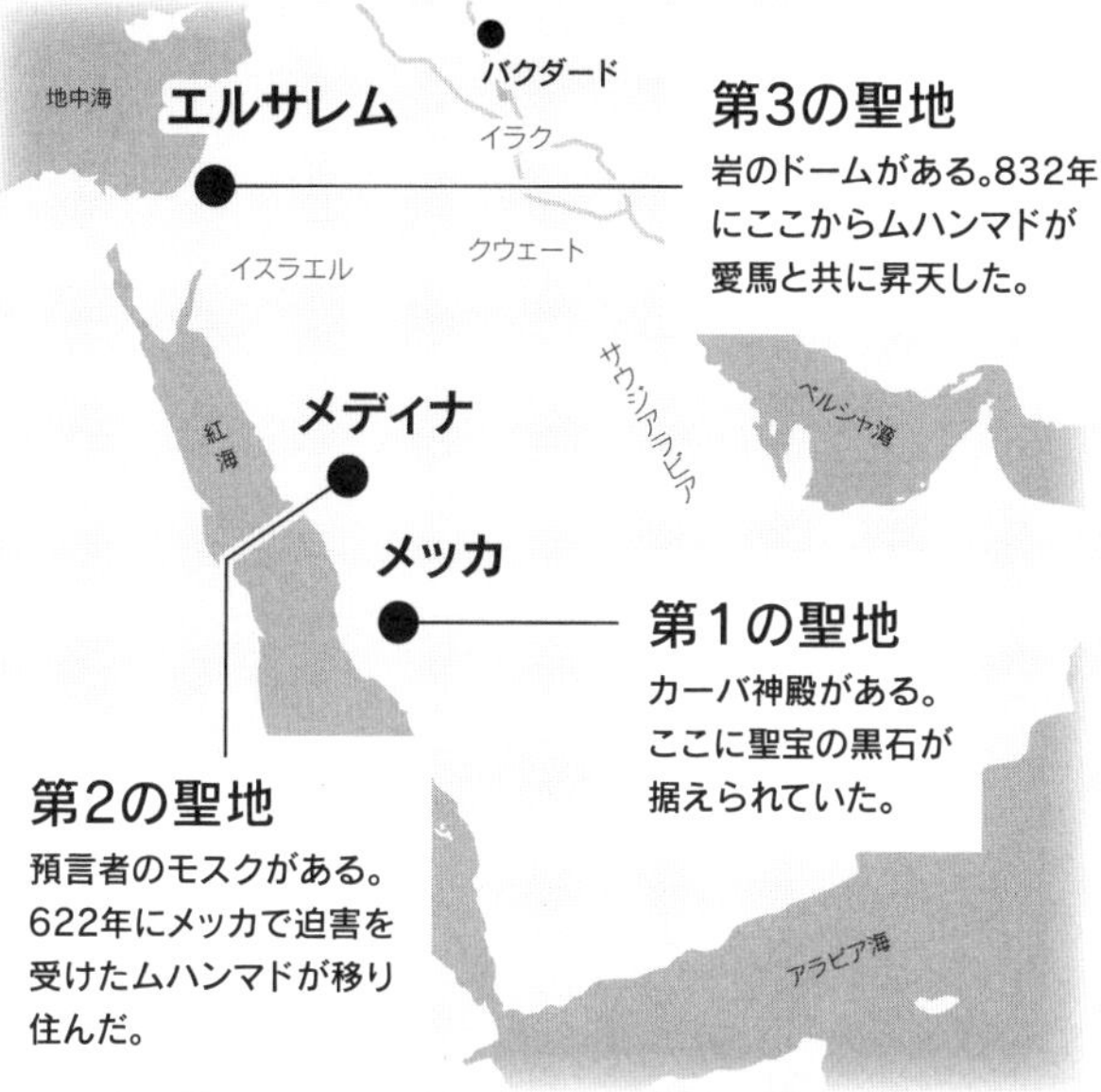
地中海
エルサレム
バクダード
イラク
第3の聖地
岩のドームがある。832年
にここからムハンマドが
愛馬と共に昇天した。
イスラエル
クウェート
サウジアラビア
ペルシャ湾
紅海
メディナ
メッカ
第1の聖地
カーバ神殿がある。
ここに聖宝の黒石が
据えられていた。
第2の聖地
預言者のモスクがある。
622年にメッカで迫害を
受けたムハンマドが移り
住んだ。
アラビア海

ムハンマドはエルサレムに行ったことがない。
初めは、エルサレムに向かって礼拝していた。
しかし、「これではいけない」と、624年から
メッカのカーバ神殿に向かって拝むようになった。
エルサレムを第3の聖地とした。

「クルアーン」は「モーセ5書」から多くを真似（摸倣《もほう》）したと言っても、イスラム教徒は怒らない。

「クルアーン」では、モーセはモシェになり、アブラハムはイブラハムであり、イズマイルはイユマイールになった。すべてこの感じだ。だからキリスト教、ユダヤ教からたくさん摸倣《コピー》したでしょ、と言ってもイスラム教徒は怒らない。

ムハンマド（AD570―632年）は、イスラム教団の成立（西暦622年。ヒジュラ元年）の2年後の624年2月に、決断して（54歳のとき）、「イスラム教徒が行なう礼拝の方向を、今後はエルサレムではなくて、メッカのカーバ神殿に変更する」と発表した。内心、忸怩《じくじ》たるものがあったのだろう。このあと8年後の632年に、ムハンマドは死んだ（62歳）。

そして、その魂は、エルサレムの神殿の丘（ユダヤ教徒にとっての至聖所《しせいじょ》）から愛馬ブラーグと共に、天に上《のぼ》った。そのように後継者たちが決めた。だからエルサレムは、イスラム教徒にとってメッカ（マッカ）、メディナに次ぐ第3の聖地になった。だがね――。

ものごとは、その始まりのところが大事である。ものごと（事物《じぶつ》）の始まりのところをしっかり理解することが肝心だ。

そのあとつくられてゆくいろいろな複雑な話に惑《まど》わされて、頭が混乱してしまう。だから、「世界史の勉強なんかしたくない。細かいことをいっぱい覚え（丸暗記）なければいけない。だから大嫌いだ」となる。

ものごとは大きく、大きく、素朴に、明解に、はっきりと分かるべきである。訳《わけ》の分からない、難しい難解なことをやたら書いてある本はすべて騙《だま》しだ。

専門家（お坊さま、学者）と称する者たちによって、果てしなく捏造《ねつぞう》されてゆく。真実が覆《おお》い隠《かく》されてゆく。

人々（人類）を計画的に騙して洗脳《せんのう》して、自分たちの言うことを聞く人間に育て、拝跪《はいき》（土下座《どげざ》）させ、服従させようとする。私の「真実の世界史」は、それを許さない。

意図的に作為的に話をあれこれ複雑にすることで、人々の頭を混乱させて、「分からないのは、おまえがバカだからだ」と痛めつける。この大きな策略を、白日《はくじつ》の下に晒《さら》け出さなければならない。私はこのために生まれてきた。

私は、頭の中の思考（考えること）という戦場（バトル・フィールド）でも行なわれる、生涯の戦いを続ける。

すべては幻想の共同体である

私のこの本の結論の結論（大団円《だいだんえん》）は、「すべては幻想の共同体《イマジンド・コミューニティ》なのである」ということだ。この主張は、P117に載せた、米コーネル大学教授だったベネディクト・アンダーソンが書いた大著『想像《イマジンド》の共同体』（原書は1983年刊）の主張であり、彼の書いたこの書名のとおりである。

ベネディクト・アンダーソンは、中国の南の昆明《クンミン》で生まれたイギリス人だ。父親は、蒋《しょう》介石《かいせき》の国民党政府に雇われていた高級税関職員《タリフ・オフィサー》である。少年時代に日本軍が攻めてきてアメリカに逃れた。

この本がものすごく重要な大著であることを、日本の本当に頭のいい学者たちは知っている。ところが、彼らにも、この本がどうズバ抜けて大著なのかが、よく分からない。

前記のサンド教授の『ユダヤ人の（ユダヤ人による）発明』と同じく、表紙に真実が書いてあるのに、それが分からない。日本の大《だい》秀才たちと言ってもこの程度だ。

だから私が超分かりやすく、ズバリと真実を書いて日本国の読書人層に教えるしかない。私がズバリと書いて教えないと、誰も分からない。

『幻想の共同体』 原書の正しい訳

"Imagined Communities : Reflections on the Origin and Spread of Nationalism, 1983"

ベネディクト・アンダーソン著

Benedict Anderson（1936〜2015年）

写真：Eric Koch/Anefo

原書は1983年刊。
日本語版は1987年刊、
『想像の共同体』
（リブロポート）
定本版は2007年刊
（書籍工房早山）

真実というのは、太陽が目の前で照っているのと同じように、明瞭なものなのだ。それを皆、見ようとしない。いろいろと騙《だま》されているからだ。

ベネディクト・アンダーソンは、何を言いたかったか。

それは、民族《ネイション》とか、国民《ネイション》とか、国民国家《ネイション・ステイト》とか、人種《レイス》とか言うが、どの民族も人種も、実際には長い歴史の中で混血して、混ざり合っている。大まかに、なんとなくしか民族の違いは区別がつかない。あとは言語《ランゲッジ》と文化《カルチュア》の違い程度だ。

だから、「わが民族《ネイション》は、古い古い歴史のある優秀な民族だ」と、強がりを言う人々のほとんどはバカだということだ。

本心は劣等感の裏返しだ。その理由は他の大きな国（帝国《エムパイア》、覇権国《ヘジェモニック・ステイト》）に支配され、服従させられたことへの恨《うら》みと反発から来ている。これがアンダーソンの主張だ。

だから「イマジンド・コミュニティ」であり、すべては幻想の共同体だ、ということだ。

そして、このあと、ここで大《だい》宗教の果たす役割が、重要となる。

たとえば、イスラム教徒は「クルアーン」という聖典をアラビア語で読むことで、アラブ人となる。

このとき、アラブ人 The Arabs《ジ・アラブズ》 が出来上がる。国の区別はどうでもいい。そして、イスラム教徒として、世界中で団結する。ここに強い「幻想の共同体」が成立する。

これを「ウンマー・イスラミア（イスラム共同体《ウンマー》）」と言う。「イスラム帝国」と言い換えてもいい。西は北アフリカの端《はし》のモロッコから、東はインドネシアまで、イスラム教（アラビア語）の幻想（想像）の共同体ができている、ということだ。

そして、その次に「ユダヤ人は民族《ネイション》でも人種《レイス》でもない。ユダヤ人とは、ユダヤ人の母親から生まれた者（母系社会《マトリモニアル》だ）、あるいは、イスラエル移民法で認めるユダヤ教徒であることだ」となる。

だが真実は、ユダヤ人とは、『旧約聖書』（モーセ5書《トーラー》）によって強く団結する民族優越《ゆうえつ》思想（選民思想）を持つ者たちの、幻想の共同体なのである。

EU《イーユー》（ヨーロッパ連合《ユニオン》。本当はヨーロッパ同盟《ユニオン》。EU東京代表部はそう主張した）とは、実はキリスト教圏《けん》（クリスチャン・ゾーン）である。ヨーロッパ人とはクリスチャンである白人たちの連合体《ユニオン》である。

この真実を、ヨーロッパ人たちは大っぴらには言いたがらない。人種・宗教差別だということがバレてしまうからだ。

同一民族《ネイション》とか、国民《ネイション》というコトバは、ベネディクト・アンダーソンによると、182

0年代になって生まれた。そして、世界中で使われるようになったコトバである。それ以前にはなかったのだ、と彼が次のように説明した。

またわたしは、このとき、新興国民がいかにして、なぜ、みずからを、ずっとむかしからある《アンティーク》ものと想像するのか、これについて明快な説明をこれまでしていいことにも気づいた。「そしてこうしてみれば」多くの学問的著作においてマキアヴェリ的ペテン、あるいはブルジョワ的空想《ファンタジー》、あるいは冷厳な歴史的事実として登場することが、実はもっと奥深く、もっと興味深いものだということもわかってきた。「むかしむかしからある《アンティーク》」と考えることは、歴史のある時点における「新しさ《ノヴェルティ》」の必然的結果だったのだ。ナショナリズムという意識のあり方が、わたしが考えてきた、それまでとは根底的に変わってしまった。そういうあえて新しい意識のかたちを表現したものであるから、過去との断絶の自覚である。そして自然に起きる古い意識の忘却。これがそれ自体の物語《ナラティヴ》を創出するのだ。こうした角度から、一八二〇年代以降に諸国で見られる国民主義思想に特徴的な、先祖返りの空想はその随伴現象だといえる。つまり、本当に重要なことは、一八二〇年代以降の国民主義の「記憶」を意図的に近代的な伝記・自伝につくり変える構造調整だったのである。

（ベネディクト・アンダーソン著『想像の共同体』P14～15 一部、引用者が改訳）

アンダーソンは、ここで、「アンティーク」という言葉を使って、「自分の国は古い古い歴史のある、優等民族の国なのだ」と、どこの国も言いたいのだ、と解明している。そして、それは案外、新奇さ（ノヴェルティ）の裏返しだ、と。日本もまさしくこれだ。『日本書紀』と『古事記』を使って、今もこのハッタリ劇をやっている。

1820年代というのは、ヨーロッパの先進地帯では、フランス大革命（1789年）の中から生まれた軍人の独裁者で、本物のヨーロッパ皇帝（ただし一代限り）にまでなったナポレオンが失脚した頃だ。

「ネイション・ステイト」（国民国家）とは、「フランス人がいるところ」という意味であり、その時、エジプトのアレキサンドリア市に、3000人のフランス人（エトランジェ、在外居住者）が住んでいたら、そこも「フランスのネイション・ステイトだ」となる。この理屈・理論だ。

ネイション nation（ナシオン）とは、その程度のものなのだ。

聖典が出来た時に民族も出来る

アラブ人やユダヤ人というのは、自分たちの聖典《キャノン》（啓典）である「モーセ5書」（AD200年代）や「クルアーン」（AD622年）が出来た時に出来た。キリスト教徒は、『新約聖書』（イエスの物語。AD60年から100年に成立）が出来た時に出来たのだ。

ムハンマドがメッカ（マッカ）からメディナに、70人を引き連れて逃げて移住した。この年を「ヒジュラ暦元年」としてイスラム教成立の年とする。

聖典「クルアーン（コーラン）」によって団結する人々がイスラム教徒なのだ。だからアラブ人The Arabs《ジ・アラブズ》もこの時に成立した。アラビア語もこの時に生まれたのである。これが幻想の共同体《イマジンド・コミューニティ》だ。

ただし、アラビア語は、アルファベット（フェニキア文字系）ではない。おそらく当時のベドウィン（アラブ人の中の砂漠の民。商業民族）が用いていた文字である。それなのに、話しているコトバは、紀元前3000年からのアラム語＝古シリア語である。これが、現在もずっとこのクロワッサンcresent roll《クレセント ロール》の形をした地帯（P3の地図）で使われているということだ。

イスラム教徒は、「ウンマー・イスラミア（イスラム共同体《ウンマー》）」と言い、モロッコから東はインドネシアまで、この聖典「クルアーン」で統一《ユニティ》されている。

インドネシアやマレーシアでも知識人階級は、アラビア語で「クルアーン」を読み、議論する。アラブ人ではないが、イラン（ペルシア）とトルコの知識階級も「クルアーン」を読める。

聖典があるから、団結して同じコトバで理解する。そして今はカタール国の首都ドーハにある「アルジャジーラ放送局」というアラビア語放送を、みんな聴いて理解している。アラビア人＝イスラム教徒は、コトバと宗教で大きく団結し、自分たちは同一の国民（ネイション）だと思い込むのである。これが「幻想の共同体《イマジンド・コミュニティ》」である。

西欧人たちが、それぞれ勝手に占拠して植民地《コロニー》にして、国家を名乗らせ、国境線を引いて分割して支配したことに、イスラム教徒たちは怒っている。

同じくユダヤ人も、「モーセ5書」（『旧約聖書』）という聖典があるからこそ、ユダヤ人として団結して、幻想の共同体として強く同族（同教）意識を持てる。「ユダヤ人は民族でも人種でもない」という言葉は、このことを指《さ》している。

ユダヤ人は世界中で公式には1400万人ぐらいいる。本当は隠れユダヤ人（クローゼット・ジュー）として、もっといる。アメリカに800万人ぐらい。イスラエルに600万人。その他にも少しずついる。

『共同幻想論』と『想像の共同体』は同じ

日本では吉本隆明《よしもとたかあき》（1924～2013年）という評論家・言論人が『共同幻想論』（1968年刊）を書いて、「国家というのは幻想である。共同の思い込みに過ぎない。この共同の幻想を打ち壊して、脱《だつ》幻想（脱魔術化）することが、私たちの政治行動の大きな目標である」と主張した。

しかし、吉本隆明の思想は、日本国内でしか、しかも一部の左翼知識人層にしか影響力を持たなかった。私はこの吉本隆明主義者である。

これと大きくは同じことを世界水準、国際レベルで書いたのが、まさしくベネディクト・アンダーソンの『想像の共同体』（原書は1983年刊。日本語訳1990年）である（P117参照）。

P41で示した大著『ユダヤ人の発明』の著者のシュロモー・サンド教授は、「私の本は、ベネディクト・アンダーソンの『想像の共同体《イマジンド・コミュニティ》』に多くを負っている」と書いている。次のとおりである。

古典的なナショナル・イデオロギーが占めていた地位が、風化するきざしをみせはじめた。このときがまさにネイション意識の成長の開始に立ちあった、現場における新たなパラダイムの出現に貢献したといえる。一九八三年に英国で、この領域で「先導役となる本」が二冊刊行された。ベネディクト・アンダーソンの『想像の共同体――ナショナリズムの起源と流行』と、アーネスト・ゲルナーの『民族とナショナリズム』である。これ以降、ナショナリズムはおもに社会＝文化的なプリズムをとおして分析されるようになる。このようにしてネイションは、押しも押されもせぬ文化的な課題となった。

アンダーソンは、いくつもの言語的＝文化的空間のあいだを渡り歩く、そういう星のもとに生まれたといってもよい半生を送ってきた。アイルランド人を父、イギリス人を母として中国で生まれ、第二次世界大戦中、両親とともにカリフォルニアに移住した。おもに英国で教育を受けて国際関係の研究をつづけ、その結果、米国とインドネシアのあいだを行ききするようになった。
（シュロモー・サンド著『ユダヤ人の発明』2008年刊　P97―98　引用者が一部改訳）

この引用文は、ものすごく重要である。この大著は、頭の方でずーっとネイション（民族、国民、国家、どれにでも訳せる）とは何なのか、の研究を自分たちはやっている、とずーっとしつこく書いている。読み手はうんざりする。

だから畢生《ひっせい》の大著だと分かっているのに、理解者が少ない。ようやくあとの方で、サンド教授はこのようにこの本の種明かしをしている。

このことが、そのまま最新の世界史研究の最大の成果なのである。今、「世界史（人類史）を勉強する」とは、このことを分かることだ。このサンドによるアンダーソンとアーサー・ケストラーへの理解の深さの表明が分かること。これで今の世界史学で最高級の知識を習得したことになる。

アーサー・ケストラーの『第13支族』

シュロモー・サンドは、自分の大著（本当に日本語訳で650ページもある）の第4章で、P91に挙げた『第13支族《ザ・サーティーンス・トライブ》』のアーサー・ケストラーに対しても最大限の称賛を送っている。

この本の第4章全体で、詳細に精密に、世界的な歴史の大《だい》学者たちの学説をズラズラとずっと説明している。

この本に並ぶ歴史学の大《だい》学者（大家《たいか》、泰斗《たいと》）の中には、今のイスラエル国の大御所の歴史学者の名前も並んでいる。

その最後に、やっとのことで、アーサー・ケストラー著の『第13支族』が出てくる。この第4章は、丸々全部が、「ユダヤ教を国教にした北方の遊牧民の特異な王国であるカザール王国」についてのサンド教授による説明である。

一九七六年に、アーサー・ケストラーが『第十三部族』というタイトルで文学的な爆弾を投じた。この作品は数多くの言語に翻訳され、多様な反応を呼び起こした。一九八二年に、ノルマン・ゴルブとオメリアン・プリツァクの著書、『一〇世紀のヘブライ語　ハザール文書』が刊行され、この研究分野における批判的アプローチの礎石となった。さらに一九九九年には、ケヴィン・A・ブルックが評判を博した本『ハザリア（カザール）のユダヤ人』を出版した。著者は大学人ではないが、ハザール人とその主題について書かれたすべてのものをとりあげるインターネット・サイトを開設した。

（中略）

しかし、ケストラーの『第十三部族』を例外として、どの一冊もヘブライ語に翻訳される好運には浴さなかった。『第十三部族』は、一九九九年に私的な出版社がエルサレムでも出版した。しかし出版社が恐怖を抱いたため、ついに書店で流通するにはいたらなかった。

（中略）

ケストラーの『第十三部族』は、これら歴史学者を無気力状態から引きずり出し、逆に、これに対し行き過ぎた反応をせざるをえないよう挑発した。イスラエルの読者は、数年のあいだ直接触れる機会に恵まれなかったが、同書へ浴びせられた悪意ある攻撃を通して、かえってその存在を知ることができたのであった。

アーサー・ケストラーは青春時代に、シオニズム運動の先駆者の一人であり、いっときのあいだ、「修正主義」シオニストの指導者ウラジーミル・ジャボティンスキーの側近でさえあった。が、彼はその後ユダヤ人の植民地化運動とユダヤ・ナショナリズムに失望したのだった。彼はまた、共産主義に共鳴したのち、同じようにスターリンに大きな幻滅と失望をいだいて、ソ連に対する執拗な批判者となった。それでも彼は、死にいたるまで、イスラエル国家の存在権を擁護することをやめず、イスラエルに移住したユダヤ人難民の運命を気づかいつづけた。生涯にわたって彼は、人種差別主義全般、とりわけ反《はん》ユダヤ主義への嫌悪を表明し、それと闘うため己れの文学的才能の最良の部分を投入した。

（シュロモー・サンド著　前掲書　P468―469　引用者が一部改訳）

このように、イスラエルの最大都市テルアビブ大学の歴史学教授であるサンド教授によってケストラーの『第13支族』の重要性が確認された。

これらの今の世界で通用、流通している大《だい》知識を知らずして、日本国で一流知識人、一流教養人を自任、自認、自称することはできない。

「インド=ヨーロッパ語族説」の害悪

さらに続けると、私は「インド=ヨーロッパ語族説」が大嫌いだ。この「語族《ごぞく》」（ランゲッジ・ファミリー）という考え方は虚偽《ウソ》である。

インド=ヨーロッパ語族説が、「自分たちはアーリア人（アリアン人）という白人種（コーカソイド）の共同先祖である」という愚劣な思想をつくった。その温床である。この学説は今でも定説として、世界史の教科書に堂々と載っている。

この低劣な学説の尻馬《しりうま》に乗っているのは、世界各国の言語を比較研究（コンパラティヴ・スタディ）すると称する比較言語学者という〝語学屋《ごがくや》〟たちである。

この「インド=ヨーロッパ語族（同一起源）理論《セオリー》」からインド人もペルシア人も西洋人と同じ白人系だ、という臆説《おくせつ》が生まれた。インド人も、ペルシア人も、自分たちは西洋人（コーカソイド）と同じ優等な白人種《ホワイトマン・レイス》であるという虚偽の考えの元凶をつくった。

この理論は、有名な系統樹《けいとうじゅ》で描かれる。どの国の言語がどのように枝分かれしたか。そのもっともらしい樹状の図だ。この図表からは、朝鮮語と日本語は、「その他の言語」として除外されている。失礼な話である。

この「インド＝ヨーロッパ語族説」は、1783年にウィリアム・ジョーンズというイギリス人の素人学者（大英インドに赴任してきた裁判官）が言い始めたものだ。

ところがこの「語族説」は、現在も、比較言語学研究《コンパラティブ・ランゲッジ・スタディ》という分野となって世界中の各言語を、細かく比較して同定《どうてい》したりする、コトバの学問として幅を利かせている。

元々は、たとえば、母《はは》というコトバは、マーとか、バーとか、ママとか、ムッターとか、ボーとかで、世界中で共通である、という思い付きから始まった。そのくせ文字《レター》の字形はそれぞれものすごく異なっている。

私が、この「インド＝ヨーロッパ語族《ごぞく》理論」が世界史の勉強にとって害悪だと判定するのは、ここからナチス・ドイツの、アドルフ・ヒトラー（1933年から政権を握った）のアーリア民族（白人種）の人種的優等、良質という狂った政治信念が生まれたからだ。

もうひとつ私が嫌いなやり方は、遺伝子学や血液《けつえき》学を使ったおかしな歴史学の手法だ。どんな民族も国民も長い間に混ざりまくっている。だから遺伝子や血液で先祖を捜し出すことなど無理である。

アーリア族などいない

元々、アーリア族という白人種の民族などいない。居《い》る（居た）のは、ノルマン人（ヴァイキング）だ。今のフィンランドの東の方の、ノブゴロド公国をつくったノルマン人（元々はノルウェー人）たちのことだ。

それがロシア人（モスクワ・ルーシ）とウクライナ人（キエフ・ルーシ）になって広がった。アーリア人種 Aryan race などという人種《レイス》はいない。アーリア族という民族もいない。初期の人類学（anthro-pology アンスロウポロジー）が、人種《レイス》を、白人種（コーカソイド）と黒人種（ネグロイド）と黄色人種（モンゴロイド）に分けた。そしてコーカソイド（白人種）は、コーカサス地方（カフカス山脈）から出てきた、とした。これが大間違いである。

白人種は、もっと北方のフィンランドの東のノブゴロド（公国）地方から出てきたのだ。都市ニージ・ノブゴロドよりもずっと北だ。白人種とはノルマン人（ヴァイキング、元々はノルウェー人）のことなのだ。

こういう学問上の簡単な大間違いを今も訂正しないで、白人優越《ゆうえつ》主義（white supremacy

ホワイト・シュプレマシー）を欧米学界はやっている。

それでも、この私でも、人種差別でもある、初期の人類学（19世紀のもの）による、この人種３分類を使うしかないのだ。便利だから。自己矛盾だが。

インド人は、特に北部の方は、白い肌に近くて西洋人のようだ、ということで自分たちをアーリア人種だ、と考えている。

インド人は、中国人や、我々日本人を含めた東アジア人を差別したいのだ。それとインド南部のドラヴィダ人（ベンガル人、バングラ人を含む）を、「カースト制」で差別している。北の方のガンダーラ、カシミール地方の白人種に近い人間たちが、支配民族（バラモン。ブラーミン。梵天。ブラーフマン）である、と考えている。

イラン人も同じだ。彼らも自分のことを白人種だとして、元のペルシア人Persianという自称をやめて、イーラン（アリアン）人だとして改称した。元のペルシア人に戻すべきである。イーラン（アリアン）もインド人と同じく、自分たちが、18世紀から受けた欧米人による支配への劣等感情から起きたことだ。

イラン人とインド人の卑屈な態度は、自分たちが１７５０年代（ビクトリア女王の頃）から２００年間、イギリスやフランスに植民地支配されたことから生じた劣等感（インフエリオリティ・コンプレックス。劣勢複合感情）に依《よ》るものである。

今や「インド＝ヨーロッパ語族（ランゲッジ・ファミリー）」学説、即ち、「アーリア人白人起源説」は、根拠を失い、世界史学界で衰えている。アーリア族（人種）などというものは居ない。居たのは、フィンランドの東方に移って来たノルマン人（元ノルウェー人。ヴァイキング）である。

だからカフカス（コーカサス）人起源説は、ノルマン（ノブゴロト）人起源説に訂正すべきだ。あの真っ白い肌は、誰が考えても太陽光線の少ない北欧人の肌である。

だから、このランゲッジ・ファミリー（語族）説を支持して書いている大著『サピエンス（全史）』のユヴァル・ノア・ハラリ教授の、以下の箇所は批判されるべきである。


著しい成果を収めた帝国主義時代の学者として、ウィリアム・ジョーンズも挙げられる。ジョーンズは一七八三年九月にインドにやって来て、ベンガルの最高裁判所判事に就任した。彼はインドの驚くべき事物に目を見張り、すっかり魅了され、到着から半年もしないうちにアジア協会を設立した。この学術組織はアジア、とくにインドにおける文化、歴史、社会の研究に専心した。二年のうちにジョーンズはサンスクリットに関する研究結果を発表し、これが比較言語学という学問の先駆けとなった。

（ユヴァル・ノア・ハラリ著『サピエンス全史』下巻　P119）

語族説を踏襲した映画『インディ・ジョーンズ』

このウィリアム・ジョーンズ博士こそは、映画『インディ（アナ）・ジョーンズ』Indiana Jones（1981年作。ハリソン・フォード主演）のモデルになったインドのサンスクリット語の研究者だ。

シリーズ第2作の『魔宮の伝説』（1984年）では魔神の奴隷にされている、かわいそうなインドの子供たちを救い出すために、白人の美女とインド人少年を連れて〝正義の味方〟のインディ・ジョーンズ博士が活躍する物語だ。

魔宮の魔神（ブラーフマン）に仕える大神官《だいしんかん》（グランド・マジシャン）が、最後のシーンで倒されて、子供たちが救い出される。この大神官《グランド・マジシャン》が、日本でいえば、日本の天皇（ミカド、スメラギ）である。

こうやって欧米人は自分たち植民地主義者《コロニアリスト》（のちに帝国主義者《インペリアリスト》になる）であることを露見させ、居直る。そして、厚かましくも、図々しく「迷信と迷妄の中で生きている蛮族・土人に文明《シビライゼイション》の光をあげよう」という考えで動いている。これが今の学者・知識人であっても欧米人はみな同じだ。

自分たち自身が、ユダヤ教やキリスト教という魔術、魔法を信じて、大神官（ローマ法王や、大祭司《ラビ》）に仕えているのだ、という自覚を今も持たない。白人優越《ゆうえつ》感情（ホワイト・シュープレマシー White supremacy）で今も生きている。

ただ相当に、現在は、彼らもこのことで困惑している。その現実が欧米世界に圧し寄せ、襲いかかっている。移民《マイグラント》・難民《レフュジー》問題である。いい気味だ、と私は思っている。

それでもハラリ教授は、このあとすぐに、ウィリアム・〝インディアナ〟ジョーンズ博士が発想、大捏《ねつ》造した「インド＝ヨーロッパ語族説」のおかしさを見抜いて次のように書いている。

ところが科学《サイエンス》は、帝国主義者によってもっと邪悪な目的にも使われた。生物学者や人類学者、さらには言語学者までもが、「ヨーロッパ人は他のどの人種よりも優れているため、彼らを支配する（義務とは言わないまでも）権利を持っている」とする科学的証拠を提供した。ウィリアム・ジョーンズが、「すべてのインド・ヨーロッパ語族は単一の古代言語を祖先とする」と主張した後、多くの学者が、その言語を話していたのが誰かを突き止めたいと熱望した。

そこで最初期にサンスクリットを話していたのは、三〇〇〇年以上前に中央アジアからインドに侵攻した人々で、自らをアーリアと称していたことに学者たちは気づいた。最古のペルシア語を話す人たちは自分たちをアイリイアと称していた。

そこでヨーロッパの学者はサンスクリットとペルシア語を（ギリシア語、ラテン語、ゴート語、ケルト諸語とともに）生み出した原初の言葉を話していた人々は、自らをアーリア人と呼んでいたに違いないと推測した。インドやペルシア、ギリシア、ローマの堂々たる文明を起こしたのが、みなアーリア人だったのは、偶然の一致などということがありうるだろうか？

（ユヴァル・ノア・ハラリ著　前掲書　P123　一部引用者が改訳。傍点引用者）

このようにして、ハラリ教授は、「インド＝ヨーロッパ語族《ごぞく》（同一起源説）」を、このあと徹底的に、批判、糾弾している。それが白人優越思想の人種差別（レイシアル・ディスクリミネイション）だと、いかにも自分が超《ウルトラ》リベラル派の、厳格菜食主義者（ベジタリアンを通り越してヴィーガンVegan と言う）として書いている。

この態度はまるで超正統派《スーパーオーソドキシー》のユダヤ教徒のハシド派（ハシディズム）のようだ。

第2部

古代オリエント
——三日月《クレセント》地帯から
世界史が分かる

イスラエル＝パレスチナが世界史の核心部

属国として生き延びてきたイスラエル＝パレスチナ

世界4大文明は、①メソポタミア文明（チグリス・ユーフラテス川流域文明。バビロン〈のちにバクダード〉が中心、②エジプト文明、③インダス（インダス川流域のパキスタン）とガンジス川流域〈インド〉〉文明、④黄河・長江（中国人は長江と言い揚子江とは言わない）文明＝中国文明の4つである。これに、⑤として、ギリシア・ローマ文明（ヨーロッパ文明）を加える学説がある。

この本では、①メソポタミア文明と、②エジプト文明をわざと中心に置いて、その中間にポツンと存在する、小さなイスラエル＝パレスチナ地区を中心にして考える。それは、

古代オリエントは肥沃な三日月地帯
(BC3000～BC2000年頃)

世界史を大きく概観(アウトルック)する

このイスラエル=パレスチナの上を実に18の帝国が踏み荒らしていった

「帝国―属国」の関係として、世界史をズバリと大きく解説するためのモデル化である。

日本人は、これらの4大文明を、過去の、大昔の古い時代の、古代（ancient《アンシャント》）の世界の古代文明のことだと思っている。

そうではない。この4大文明は今も生きていて、今につながっているのだ。

私はP141の地図のクロワッサンのような形をした「肥沃な三日月地帯《ファータイル・クレセント》」を正面に掲げて、ここまでずっと説明してきた。

この半弧《クレセント》（三日月）の左下にイスラエル＝パレスチナがある。ここを鋭くピン留めする。ここを核心点としてこの本で考えてきた。

イスラエル＝パレスチナは、一回も帝国《エムパイア》になったことがない。王国であるのが関の山だった。このイスラエル＝パレスチナの上を、実に18の帝国が踏み荒らしていった。（P12〜13、P57〜60の表参照）たいていの場合、エジプトを攻め取るためであった。

エジプトに攻め込むための通路として、イスラエル＝パレスチナは使われた。だから、イスラエル＝パレスチナは、古代バビロニア帝国やアケメネス朝ペルシア帝国やアレクサンドロス大王のギリシア（マケドニア）人の帝国や、ローマ帝国そして東ローマ（ビザンツ）帝国、イスラム帝国（ウマイヤ朝とアッバース朝）が支配した。

これらの帝国がイスラエル＝パレスチナを占領して軍隊を駐留させた。ずっとイスラエル＝パレスチナは帝国―属国関係としての属国《ぞっこく》（従属国《じゅうぞくこく》）をずっとやっていたのである。

P12～13、P57～60の表の通り、イスラエル＝パレスチナは、大きくは歴史上の18もの帝国に順番に支配されて、生き延びた小国（属国）である。それなのに、ここから世界宗教が生まれた。このことの不思議さ、奇妙さに私が気づいてから、かなりの年月がたつ。

だから、今のイスラエル国（それはパレスチナ国と同じ。仕方なく共存している）は、帝国だったことは一度もなく、小国として必ずこれら帝国に服従して、平穏に生きることができた。

帝国は、大国、強国であるから、属国が貢納《こうのう》（税金を払うこと）さえしていれば、それ以上痛めつけることはしない。世界中を帝国―属国理論で考えると、大きな世界史（人類史）の全体像が浮かび上がる。

それでは、私たちの日本国はどうなのかと問うと、明らかに、ちょうど2000年前の後漢《ごかん》の時から中国の歴代王朝（漢隋《ずい》、唐《とう》、宋《そう》、明《みん》、清《しん》など。王朝とはまさしく帝国のことだ）に、順番に服属した属国＝従属国＝朝貢国《ちょうこうこく》（トリビュータリー・ステイト tributary state）である。そして150年前の幕末・明治維新の時からは、隠れた（非公然の）大英帝国の属国だった。

そして、第2次世界大戦（ＷＷⅡ）で敗戦（１９４５年）し、このあと73年間は、ずっと今のアメリカ合衆国帝国の属国である。

このことは、アメリカ様《さま》がつくって与えてくださった、素晴らしい内容の日本国憲法（人権《じんけん》と、デモクラシーと、と平和主義＝軍隊を持つな）で明らかだ。そして、その上にデーンと、日米安保《あんぽ》条約という軍事条約が重しのように載っている。これを奇妙に、日米同盟《ユーエス・ジャパン・アライアンス》という。

憲法（典）よりも上に、実は安保条約があるのだ。だから護憲《ごけん》（改正反対）と言おうが、改憲《かいけん》を叫ぼうが、その上に軍事同盟条約がある限り、憲法典を自分たちでちょっとくらいいじって改正してもたいした意味はない。

このようにして日本は、アメリカ合衆国（ＵＳＡ）の属国である。

さあ、いつまで、この状態が続くか？　なにごとも永遠にということはない。必ず次の時代が来る。こういう大きなことを考えるために、世界史を学ぶ、本当の意味がある。

肥沃な三日月地帯から古代の世界が見える

Ｐ１４１の図にあるメソポタミアというのは、今のイラクの北部の都市モスルを中心としたあたりだ。チグリスとユーフラテス川沿いにある。

日本人はチグリス、ユーフラテス川という言葉だけは知っている。けれども、どのように流れているかは知らない。これを詳しく調べると、中東世界がよく見えてくる。

ユーフラテス川は、さかのぼるとバグダッドから、ずっとシリアのいまのアレッポのあたりまで流れている。さらにもっとトルコの方まで上《のぼ》る。

この２つの大河沿いにたくさんの都市ができて、それがいわゆるメソポタミア文明をつくっていった。実は、イラクの南の半分は、バビロニアと言って、詳しくはメソポタミアとは異なる。だが、ふつうは２つを合わせて、メソポタミア文明と日本人は習う。

このユーフラテス川沿いに上《のぼ》って、そこから西方のシリアに、どっこいしょと移って、そこから南に下《くだ》ると、ダマスカスに着き、そこをさらに下《くだ》ったらイスラエル＝パレスチナに着く。そして、さらにそこを下《くだ》る（西に行く）とエジプトに着く。

ここら一帯は大きく、グルッと半円形になっている。これがＰ１４１に示した肥沃な三日月地帯《ファータイル・クレセント》（レヴァント地方）だ。ここを中心に見ることで、世界中の成り立ちが見えてくる。

おそらく紀元前4000年ぐらい前（つまり今から6000年前ぐらい）に、シュメール人が、P141の地図のバビロン（Babylon）のあたりにいた。そのちょっと南のウルやウルクにもいたシュメール人が、2つの大河に挟《はさ》まれた「チグリス＝ユーフラテス文明《シビライゼイション》」を生んだ。

シュメール人は農耕民だったろう。これが6000年ぐらい前だ。1万年前ではない。人類の文明の歴史は5000年、ということに決まっている。もうそれ以上さかのぼることは、歴史学ではしない。

なぜなら、文字《もじ》（文献記録、石碑）が何も残っていないから、わからない。文字がない遺跡の研究は第1部で述べたとおり考古学（アルケオロジー）がする。あるいは人類学（アンスロウポロジー）がする。考古学は文字（石碑文）がなくても土器などを調べる。

シュメール人（農耕民）と並んで一番古い人間たちが、スキタイ（シュキタイ）人だ。スキタイ人は、ずっと北の方のユーラシア大陸の大草原一帯にいて、裸馬《はだかうま》に乗って、草原を駆けていた狩猟採集民族だろう。遊牧民（ノウマド nomad）になり始めていた。古くて原始的だ。

狩猟採集民forager《フォーリジャー》は、飢えて死ぬ可能性が非常に高い。食料を蓄えるという考えがあまりなかったようで、食料が手に入らないと死ぬしかない。自然動物（ワイルド・アニマル）とあまり変わらない。

だから、どう考えても、もっとずっと後に出現する定住民、農耕民（agrarianアグラリアン）のほうが楽だ。栽培農業をやって、そこで農地を守って働いてさえいれば、飢える心配がない。だが、そこへ、ドドドと、どこかから急に、突如、遊牧民（その前面が騎馬隊）が攻めてくる不安、恐怖は常にある。

人類の「食べさせてくれの法則」

都市文化と言えるほどではないが、定住する農耕社会になって安定すると、支配階級（ruling classルーリング・クラス）というのが生まれる。他人のものを取り上げて、楽《らく》して生きるので豚みたいに太っていく支配階級と、奴隷や農奴になって痩《や》せ細る層が出現する。

人類（人間）の大きく2種類への2極分化だ。

このことを、一番わかりやすく言えば、「金持ちと貧乏人（貧困層）」の2種類である。これを言いすぎると嫌われる。だが、私たちの目の前にある現実である。私たちは目の前の現実に戻って歴史を考えなければならない。

やがて王国《キングダム》の王《キング》というのが出る。このそしてこの王さま（本当は暴力団の親分のような人たち）同士の激しい殺し合い（国取り物語）がずっと続く。

そして広大な地域（リージョン region という）の中で、「王たちの中の王」として、激しい殺し合いの中から勝ち抜いたひときわ残虐で狡知《こうち》（悪賢い）な王が、皇帝（エムペラー）になる。こうやって帝国《エムパイア》というのが世界史に出現する。

帝国というのは、さらに隣の帝国と大きな戦争をして、支配領土を確保する運命を持つ。だから、人類は、だいたい80年に一遍は、どこの帝国も、激しい戦争をしている。隣の帝国との争《あらそ》いが激しい。

人類の5000年の歴史は、戦争と支配の歴史だ。帝国を操《あやつ》っている権力者たちが大きな戦争をする。それで民衆は悲惨《ひさん》な目に遭う。

ここでこの本の「はじめに」で書いた「3つの副島史観《しかん》」を再度説明する。

人類の歴史を、あけぼの（発生、出現）からたどると、原始的な血縁共同体（ゲンスとドイツ語では言う）から、小さな村みたいなものができて、農業や狩猟で人々が生きるというイメージを、どうしても考えてしまう。

しかし、私は、どうもこの考えが好きではない。私の考えでは、最初から、50万人ぐらいの男が、群れ集まっている。この50万人の男の周りには、女子供がいる。この50万人の男たちが、食べさせてくれ、と集まっている。「食べさせてくれ、食べさせてくれ」と寄せ集まっている。

すると、どこかから、「よし。オレが食べさせてやろう」と言うやつが出てくる。こいつが、やがて指導者になる。この「オレが食わせてやる」と言って、本当に500人の人間とかを食わせることができたら、その人が山賊の親分か、部族の酋長（チーフ）である。これが、やがて人々が集住する都市文化で、小さな国《くに》（国家《ステイト》）となる。

ところが、その国で、どうしても食べられなくなったら、どうするか。そのときは、隣の国に攻め込んでいく。小さな戦争だ。

隣国の人間たちを皆殺しにしたり奴隷にしたりする。よそからの略奪物、獲得品のようなものでしばらく食べていくという行動をとる。これが人類の法則だろう。動物世界のルール（自然法則　ナチュラル・ラー）とあまり変わらない。

ヨーロッパも中東も中国の歴史も、そういう感じだ。だから、王様と言われている人間はそういう残酷な人間たちである。かつ、この「よし、オレが食わせてやる」が、今の企業経営者（資本家《カピタリスト》）というものである。

このように、古今東西の人類の歴史を見ていくと、民衆が「食べさせてくれ」と要求する人間行動というのが、まず始《はじ》めにある、と私は考えた。これが、①「食べさせてくれ史《し》観《かん》」だ。

実際、今の日本のサラリーマンたちもみんな会社にしがみついて生きていて、公務員であっても、毎月の額面40万円とか50万円の給料をもらいながら、それで家族を養って必死で生き延びている。この額面給料から税金、年金とかで合計30％ぐらい天《てん》引き＝源泉《げんせん》徴《ちょう》収《しゅう》される。手取りは30万、40万円となる。これで親子4人の暮らしは厳しい。日本は、ずっと、もう25年間も不況のままだ。経済成長《エコノミック・グロウス》がない。こうして「食べさせてくれの法則」が人類の歴史に厳然とある。このように、私は、考えた。

②は、ドドドと遊牧民《ノウマド》が50万頭の羊や馬や牛を連れて、山の方から攻め下《お》りてくる。そして平地の定住民（農耕民《アグラリアン》）の支配者になった。これを「ドドド史観」と私は名づけた。

もうひとつの③は、「人類の熱狂《ねっきょう》史観」である。人類は、時々、集団で発狂する。戦争のことを言っているのではない。

人類（人間）は、あるとき急に、人類を救ってくれる、すばらしいと自称する大宗教や理想主義の思想が出現すると、それに一気にのめり込む。その考えが強大な嵐のような熱狂を生んで、ものすごい勢いで世界中に広がる。

それはキリスト教や仏教、イスラム教などの激しい広がりで見られた。20世紀には、共産主義という思想がそうだった。これを③「熱狂史観」という。

この①、②、③の世界史を貫く歴史の見方を、私はずいぶん前に考えついた。

メソポタミアを征服したエジプト王

日本人もよく知っているのは、エジプトのナイル川流域に、紀元前３０００年ぐらいから、エジプト文明が勃興《ぼっこう》したということだ。古代エジプトという大きな帝国が出来て続いたことはよく知っている。

しかし、王朝の細かい区別はつかない。順番に31王朝あることになっている。たとえば、あの有名なクフ王のカイロの先のメンフィスのギザの大ピラミッド建設は、紀元前２５８

0年だ。

ところがもっと古い紀元前3000年頃に、エジプトにセソストリス王という王がいた。遠征して、グルッとバビロニアまで行き、シュメールを征服した。エジプトの食糧不足が原因で、バビロニアの方まではるばると攻めていったらしい。

遠征は、エクスペディション expedition という。軍隊を率いて、遠く1000キロぐらいを侵略しにいく行動のことだ。セソストリス王は、歴史上初めて他民族を征服して樹立された王朝、つまり、「征服王朝」である。

有名なヘロドトスの『歴史』の中の初めの方に、わずか2ページだけ、セソストリス王の記述がある。「船で紅海《こうかい》を渡った」と書いてある。当時の、紀元前3000年は、現在よりももっと大草原だったようだ。エジプトからメソポタミア・バビロニアまで、ずっと、森林（レバノン杉のような大木が生い茂っていた）もあったし、緑の沃野《よくや》が続いていた。

草原と農耕地は大河の両側にあって、そこをずっとたどって、セソストリス王のエジプト人の軍団は、メソポタミアまで攻めて征服しただろう。

ところが、この歴史家《ヒストリアン》の創始者であるヘロドトスの大著『歴史』の冒頭に書かれたセソストリス王の存在を、今も世界中の歴史家たちが認めない。証拠が出ないからだろう。

あるとき、1人、戦争にものすごく強い指導者が出てくると、「大王《だいおう》」と呼ばれる。大王の周りに何十カ国が服属する。貢《みつ》ぎ物をささげて、守ってもらうという形になる。これが帝国だ。

アレクサンドロス大王《ザ・グレイト》は、英語では「ザ・グレイト」と尊称を後ろに付ける。普通のボンクラ国王では、大王の称号を周りが与えない。

紀元前2300年頃に、バビロニア人（その前がシュメール人）の一部が、アッカド帝国（BC2250年に最盛期）という古代帝国をつくった。だからアッカド人がその勢いで周りにも広がった。シュメール人はこのとき消えた。やがてバビロニア帝国になる。

ハンムラビ法典は歴史学の対象

古代バビロニア帝国の王（皇帝《インペラトーレ》と呼んでもいいが、実はまだこの言葉はない）の中で有名なのが、ハンムラビ（ピ）大王だ。この人の名は、日本人はみんな、なぜか知っている。

ハンムラビ（ピ）大王は、「目には目を、歯には歯を」の法典を作ったことで有名だ。

「ハンムラビ法典」だ。

今も、このハンムラビ王の法典は、「目には目を、歯には歯を」（同害反復《どうがいはんぷく》の復讐法）として、日本の小学生の社会科の教科書の、世界の歴史のところに必ず出てくる。そして習わされることになっている。だから日本人は、皆、この大王の名を知っている。この王は、紀元前1700年代ぐらいの人だ（つまり紀元前18世紀）。

ハンムラビ法典は、堅い石の円柱に刻まれた楔形《くさびがた》文字の石碑が発掘されて、今も証拠として遺《のこ》っている。こういう石碑（せきひ、いしぶみ）が、遺《のこ》っていることが、世界歴史学の重要な史料とされる。学問的な証拠がなければ、真実とされない。仮説《かせつ》扱いされる。

ハンムラビ大王が死ぬと、古代バビロニア帝国は弱体化し、やがて台頭してきたヒッタイト帝国にバビロンを攻略され滅ぼされた（BC1595年）。

しかし、メソポタミアにはアッシリア帝国というもうひとつ強い国がある。これはバビロニア帝国の弟分のような国としてずっと存在したのではないか。私はこのように考えた。アッシリアはやっぱり今のシリアだ。それとイラクの北部だ。

ヒッタイトは鉄器を初めて使った優秀な民族だ。鉄の刀だけでなくて、鉄の車軸《しゃじく》をつくった。車輪だ。強い車輪をつくったということは、重要なことで、騎馬隊《きばたい》の馬車はものすごく丈夫な戦車（チャリオット）でなければならない。馬に引かせる戦車だ。武器も鉄製の丈夫なものを持っていた。

ヒッタイト帝国を滅ぼした「海の民」

ハンムラビ王から４００年ぐらいの紀元前１３００年ぐらいに、エジプト帝国（ラムセス2世）は、ヒッタイト帝国の皇帝（ハットゥシリ3世）と戦っている。

この事実は歴史学者たちが認めている。エジプト側にもヒッタイト側にも、石に刻まれた平和条約《ピースストリーティ》（戦争終結《しゅうけつ》条約のこと）が碑文として見つかっているからだ。両方で見つかっていることが重要だ。だから世界史学者がみんな認めている。ＢＣ１２８４年とされる。これが世界最古の平和条約だ。

エジプトとヒッタイトは、どちらも帝国だから大きい国だ。ヒッタイトの首都ハットゥシャ（ボアズキョイ）は、今のトルコの国内の真ん中あたり（今の首都のアンカラから東に１５０キロメートル）に有った。そこは現在、トルコ旅行をする人たちが行く有名な場所だ。

そのあと１００年が経ち、紀元前12世紀（正確には、ＢＣ１１９０年）に、それまで、エジプトとずっと戦っていたヒッタイト帝国が、なんと一気に滅びた。「海の民」という人たちが、滅ぼしたことになっている。

この「海の民」（maritime《マリータイム》 people《ピープル》）とは何者なのかよく分からない。ヨーロッパの歴史学でどういう人々か分からないということになっている。

恐らく、「海の民」とはフェニキア人だろう。私は、この「海の民」は古代の海洋性民族（主に船で動いた）のフェニキア人、即ち、今のレバノン人だ、と推定する。彼らは西の方のギリシアの方から来た。

もっと北の黒海の方から来た人々だろう。船に乗って、船団を組んで商業（貿易）もやりながら移動する強力な部族だ。

彼らは海賊《パイレーツ》のようでもあり、一気に計画的に襲撃して、強大だったヒッタイトを滅ぼしてしまった（BC1190年）。フェニキア人（海の民）は、地中海岸を中心に広がっていった。そして、のちにカルタゴやヴェネチアまでつくった。

繰り返し書くが、このフェニキア人は、今の人口約400万人の小さな国レバノン（首都ベイルート）人であろう。ここには、シドン（サイダ）という古代世界を通して栄えた大きな港湾都市がある。

モーセの出エジプトからユダヤ民族の歴史が始まった

「出エジプト記」の真実

前述したとおり、エジプトのラムセス2世が、ヒッタイト王のハットゥシリ3世と平和条約を結んだ（BC1284年）。

そのわずか34年後（BC1250年）に、世界史上の大事件が起きている。ここで世界史が本格的に始まった、と言っていい大事件だ。BC1250年は、絶対知らなければいけない年号だ。それはモーセという人物の出現である。

モーセMosesが、ユダヤ人の12支族《トライブズ》を率いてエジプトを脱出した。この脱出のことを「エクソダス」（Exodus エクソドス）という。これが『旧約聖書』の「出《しゅつ》エジプト記」になった。

モーセという人物は実在しただろう。彼はユダヤ人ではなくて、実はエジプト人であり、エジプトの農民の指導者（長老）だった人だろう。

ユダヤ教の教典の初めの5巻を「モーセ5書」（Torah トーラー）といって、5冊あることになっている。このあとにも巻は続くが、とにかくこの5冊が大事だ。全部合わせてキリスト教徒たちは『旧約聖書《きゅうやくせいしょ》』（オールド・テスタメント）と言う。

一番大事なのは、この「出エジプト記」だ。あとの4冊は、実はかなり後につくられた。とくに「創世記」（「天地創造」の話から）は、「出エジプト記」から1000年後に成立したのではないか、と私は疑っている。「出エジプト記」と「申命記《しんめいき》」は本当に古い、と思う。

「出エジプト記」をもとにした『十戒』（1956年 チャールトン・ヘストン主演）や『エクソダス：神と王』（2014年作）という有名なハリウッド映画がある。

映画『十戒』の中には、シナイ半島の方に逃れ出ていくモーセたちを、エジプトの軍隊が後ろから追いかけたときに、紅海《こうかい》（レッド・シー）が割れて、ユダヤの民だけが、海を渡って向こう側に逃れることができた、という例の有名なシーンがある。

モーセとユダヤの民の「出エジプト」ルート（BC1250年）

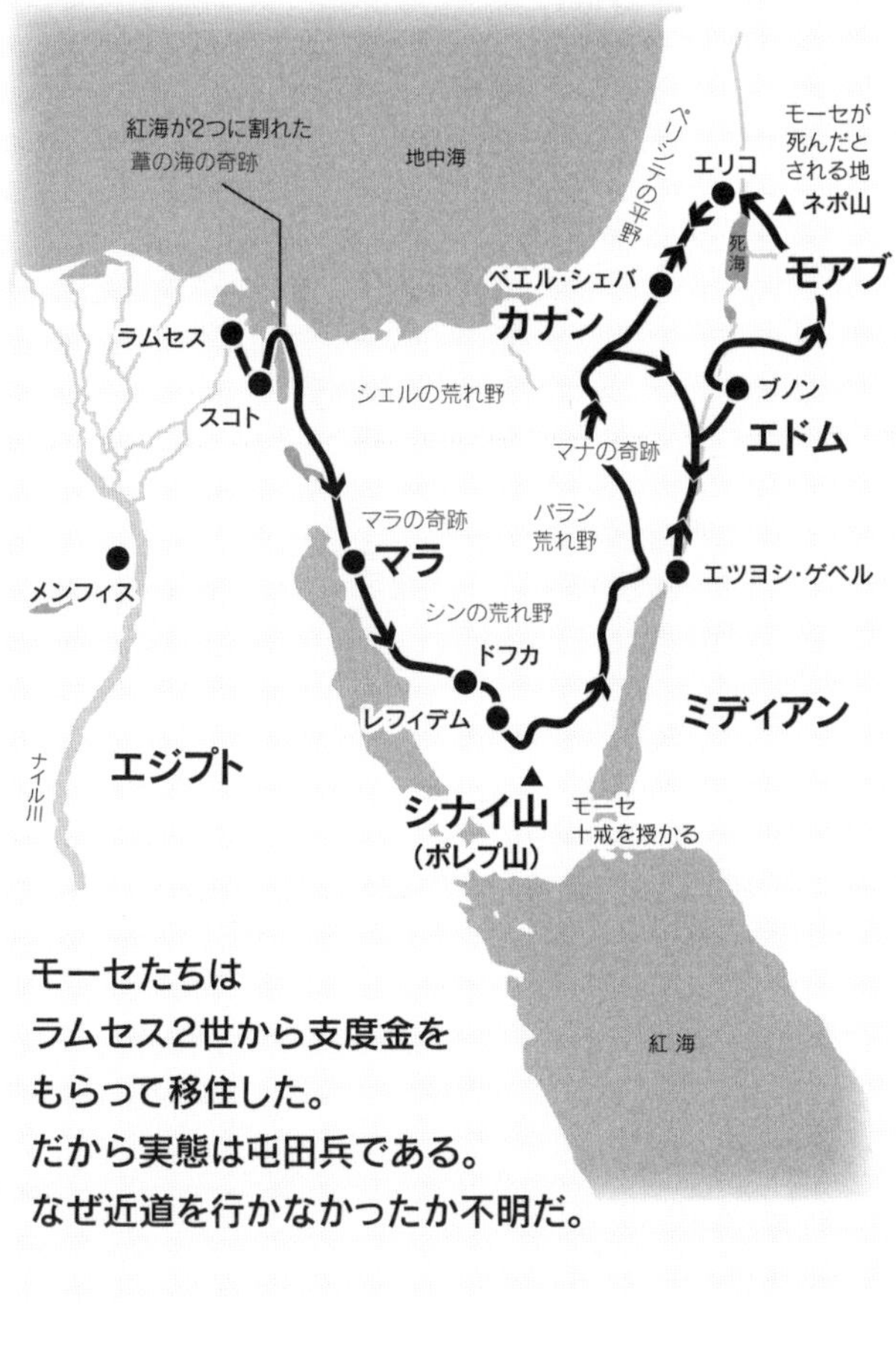

モーセたちは
ラムセス2世から支度金を
もらって移住した。
だから実態は屯田兵である。
なぜ近道を行かなかったか不明だ。

この後、海の中の道が塞《ふさ》がれてラムセス2世の軍隊は海にのみ込まれてしまう。

しかし、海が真っ二つになるわけはない。真実はモーセたちは、どこか浅瀬のところを渡ったのだろう。

モーセたちは全部で、私は5000人ぐらいだったと思う。エジプト軍は、本当は追いかけて来ていない。軍隊が追いかけてきたら、追いついて皆殺しにされるに決まっている。

ラムセス2世は大王であり、長寿の王で100歳近くまで生きた、とされる。

モーセに率いられたイスラエルの民は、40年間シナイ半島をさまよって、カナンの地（イスラエル＝パレスチナ）へ導かれたと書かれている。モーセはたどりつく直前に、ヨルダン川の東岸で、遠く向こうの緑豊かな土地があることを発見して死んだ。それが、神「ヤハウェ」が自分たちに約束した地（プロミスド・ランド promised land）だ、という思想だ。

モーセたちはエジプトの〝屯田兵〟だった

真実は、モーセたちは、エジプトからの移民（immigrant イミグラント）であり、

モーセと後継ぎのヨシュア

『モーセとカナンからの使者』
ジョヴァンニ・ランフランコ
AD1624年

左がモーセ、
中央がモーセの
後継者のヨシュア。

神から与えられた
石板を壊そうとする
モーセ

『モーセの十戒』
レンブラント・ファン・レイン
AD1659年

開拓農民《パイオニア》であったということだ。エジプト人の屯田兵《とんでんへい》であり、政府によって武器を持たされた、国境の辺境地へ送り込まれた戦略村《せんりゃくむら》の開拓者たちだ。日本のかつての満蒙《まんもう》開拓団と同じだ。

日本政府からひとり３００円（今の３００万円）の支度金を与えられて、ブラジルやペルーに移民していった人々と全く同じような開拓民だ。ラムセス２世に、「あっちが空いているからあっちへ行け」と言われて、移住していったのだ。

パレスチナは当時、エジプトがヒッタイト帝国と争っていた紛争地帯だ。両方の係争地の中間地帯であるイスラエル＝パレスチナに、王が開拓民を送り込んだのだ。

だからモーセたちはエジプトからの移民団のひとつとしてやって来た。シリア人（アラム人と言った）たちも北からやって来て混住していた。

カナーンの地、すなわちパレスチナが緑豊かなところだというのは事実だろう。

モーセに率いられたイスラエル（ユダヤ）の民というが、ユダヤ人というのは、このとき「発明された」のであって、その前はいない。イスラエル（ユダヤ）の民というコトバは、この時はまだ表れていない。

だからイスラエルの民とは、誰かといったら、それはエジプト人だ。エジプトから来たエジプト人だ。モーセ集団と同じようにエジプトからやってきた別の移住開拓農民はペリシテ人である。

モーセたちは他のペリシテ人と全く同じエジプト人である。この事実（大きな事実）を、テルアビブ大学の歴史学者のシュロモー・サンド教授（今73歳）が、『ユダヤ人の発明』（P5、P9、P41に写真あり）でズバリと指摘して書いた。

モーセたちは、「もともとの自分たちの先祖の土地に帰った」とは、「出エジプト記」のどこにも書いていない。「ここはヤハウェ神が約束した土地だ」と書いてあるだけだ。そこを奪い取ったのだ。

発明された「ヤハウェ神がつくった民族」

モーセ集団はモーセを中心にして、あるときから、「ヤハウェ」Yhwhを拝んだ。ヘブライ語には母音《ぼいん》がない。だから、この語《ご》をなんと発声したか、わからない。エホバ、ヤーウェとも発声する。このヤハウェ神が自分たちをつくったということに決めた。自分たちで自分たちを発明したのである。

まず自分たちの神をつくった。そのあと、その神が自分たちをつくった、ということにした。こうして「自分たちが生まれた」。民族《ネイション》が発明《インヴェンション》されたのである。

これがまさしく第1部で説明したシュロモー・サンド（テルアビブ大学教授）の『ユダヤ（民族）の発明』"The invention of the Jewish people, 2008"だ。

このことは、フランケンシュタイン博士が、怪物フランケンシュタインをつくったことに似ている。自分たちで、自分たちを、自分たちのために、つくった。ここが、ユダヤ民族というものの強烈な強さであり、ものすごさだ。ほかにこういうことをした民族はいない。

だからユダヤ民族は、自分たち自身で自分たちを発明したのだ。他のペリシテ（エジプトからの移民）と全く同じなのに。自分たちは特別であり、ヤハウェ神がつくった民族だ、と決めた。このことの特異さが、のちのちの世界人類（人間《マンカインド》）に大きな影響を与えた。

モーセ集団（モーセは死ぬが）は、ＢＣ１２００年ぐらいに、ヨルダン川を渡って、エリコの都市を攻め落とす。そして次々と他のペリシテ人の町を奪い取る。この時から数えて「ユダヤ人３２００年の歴史」と私は想定する。すぐにエルサレムに到着すべきなのに、どうもそこには別の人々がいたようだ。

ペリシテ人（Phikistine フィリスティーン）が、今のパレスチナ人だ。彼らはモーセ集団よりもエジプトから少しだけ（何十年か）早く来た先住民だ。彼らの町（都市、集落）に次々にモーセ集団は襲いかかって、攻め取って回った。

これが「出エジプト記」の後半の「士師記《ししき》」の200年間（BC1200－BC1000年）である。

先住民・ペリシテ人が今のパレスチナ人

士師《しし》の始まりは、モーセの後継者のヨシュアである。

ヨシュアは優れた軍事指導者だった。ユダヤの民をよく率いて戦いに勝ち続けた。こうやってエズレル平原《へいげん》＝イスラエル平野《へいや》を自分たちのものにした。『旧約聖書』では、ここを大きくグルリと回るようにして、最後にエルサレムに到着したように書いてある。

エリコ占領のあと、なぜ、さっさと、エルサレム（シオンの丘）に向かわなかったのか。分からない。どうもエルサレムに別の王がいたようだ。

カナーンの土地には、ペリシテ人の他にアッカド人という人たちもいた。聖書の中によく出てくる。モーセ集団は、このアッカド人を、北の方に追い払って、「自分たちはユダヤの民だ」と言い出した。あるいは、「イスラエル人だ」と言い出したようだ。

ペリシテ人、ユダヤ人よりも1000年後のイエス・キリストの時代に、「パリサイ人《びと》」という人々が現れる。『新約聖書』にたくさん出てくるイエスを虐《いじ》めた人々だ。

パリサイ人は、英語では、「ファラシー」（Pharisee）と言う。パリサイ人というのは、紀元後30年に、キリストが36歳で処刑されたときに、「神官職」だった人たちとされる。

パリサイ人が、イエスというおかしな男をさっさと処刑しろと騒いだ。このファラシー（パリサイ人）も、本当はペリシテ人と同じだろう。今のパレスチナ人だ。

「はじめに」のP5に示したとおり、今から10年前の2008年に、私はたまたま目に留《と》まって読んだ新聞記事に、驚嘆した。シュロモー・サンド教授が、「ペリシテ人は、今のパレスチナ人だ。ずっと農民としてここで生きてきた。古代のユダヤ人もペリシテ人になった」とはっきり書いてあった。私は仰天した。

ペリシテ人や、パリサイ人という先住民が住んでいて、それが今のパレスチナ人だ。今はみんなイスラム教徒になって、即ち、アラブ人になっている。彼らはずっとこの地で農民だった。

『旧約聖書』ではモーセが引き連れて来たとされるユダヤ12支族《トライブ》が、今のイスラエルの全土に、それぞれ分かれて住んだ、となっている。でもペリシテ人たちもいる。きっと混住している。今もそうなのだ。

ユダヤ人の起源は戦場商人

士師《しし》（シェパード Shepherd）というのは、「羊の群れを率いる者」という意味だ。士師《シェパード》はぞろぞろと家族の他に部族と大きな群れの家畜（これが食料）を引き連れて、移動しながら戦争も続ける。のちのアメリカの開拓時代であれば、幌《ほろ》馬車隊のリーダー、指導者、隊長だ。

「キャンプ・フォロワーズ」という言葉がある。キャンプ（陣営《じんえい》。軍隊の野営地）の後から、ぞろぞろとついていく人たちのことだ。

どんな国の歴史でも、どんな戦争でも、軍営《キャンプ》、陣営がある。軍隊が移動していくと、その後ろからぞろぞろと商人たちがついていく。これがユダヤ人だ。このユダヤ商人の一部は、女たちを荷馬車に積んでぞろぞろと軍隊の後をついて《フォロー》ゆく。そして陣営《キャンプ》（駐屯地）で売春婦として兵隊たちに売って金をもうける。女衒《ぜげん》と言う。

兵士は、暴れ者のヤクザ者のような連中だから、死ぬ気で戦うのだが、博奕《ばくち》もやる。あとは麻薬をやる。麻薬は傷《きず》の鎮痛剤として始まった。それから売春だ。

兵士が戦場で略奪してきた貴重な貴金属や壺《つぼ》や、装飾品を、自分の田舎に持って帰るわけにいかない。これをユダヤ商人たちが買い上げる。これを故買《こばい》と言う。兵隊は、その金で博奕《ばくち》をやって麻薬を吸い、女を買う。これがキャンプ・フォロワーズ（camp followers）なるものである。ユダヤ人というものの、もうひとつの原型だ。

「ユダヤ人とは何者か?」という問題で、イスラエル＝パレスチナを中心とした物語とは全く別個に、ユダヤ人の起源《オリジン》を説明する理論がある。

以下の学説は、優れた東洋史学者の岡田英弘《おかだひでひろ》（1931―2017年　東京外語大教授）が、大作『世界史の誕生』（1992年刊）で書いていることだ。岡田教授が、30歳ぐらいのときに、ワシントン州のシアトル大学で学んだ。そのときに、ロシア人の歴史学者のニコラス・ポッペ教授から習った。

ユダヤ人とは、古代ローマの軍隊が移動するときに、そこにいた人々で、移動商人である。ローマ軍のあとからついて来て、ヨーロッパの諸都市に居つくようになった。

幕屋《まくや》と神から授かった石版の想像図

古代のユダヤ人は
幕屋を持ってぞろぞろと移動していた

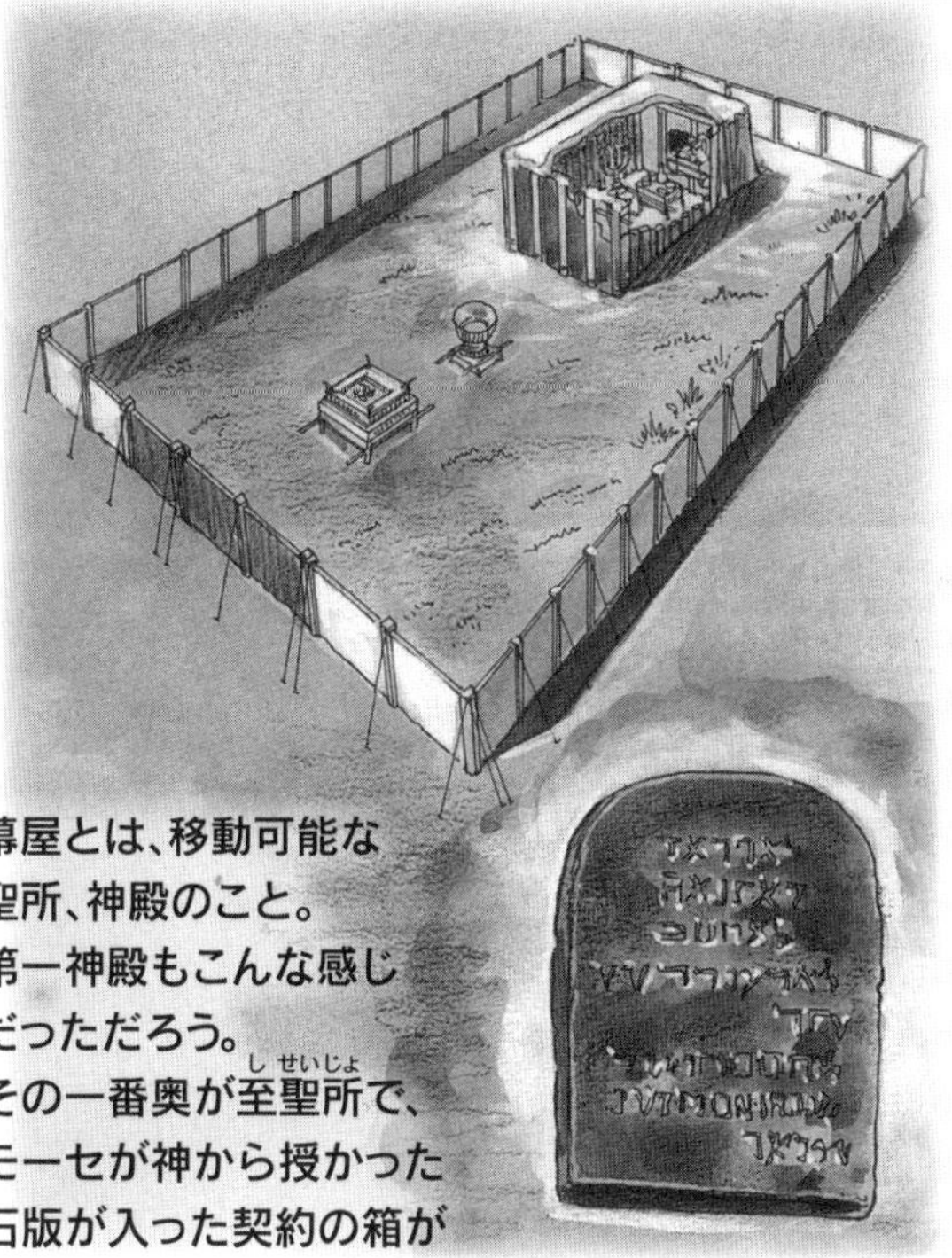

幕屋とは、移動可能な聖所、神殿のこと。第一神殿もこんな感じだっただろう。その一番奥が至聖所《しせいじょ》で、モーセが神から授かった石版が入った契約の箱が安置されていた。

『面白いほどよくわかる聖書のすべて』(小社刊)より

彼らは、たとえば、ウィンドボナ（今のウィーン）や、ロンディウム（今のロンドン）や、ルテティア（今のパリ）などに到着したら、まず地面を掘る。掘って、地下水が出るところまで掘り、そこに礼拝堂《シナゴーグ》を造る。そこを自分たちのお墓の場所にもする。今のローマに遺《のこ》っているカタコムべ（地下の礼拝堂）と同じだ。水が豊富に出るので、涼《すず》しくて、死体の腐敗も防げたようだ。

このヨーロッパの各大都市に地下礼拝堂を造った、ローマ軍の戦場商人だった人々のことをユダヤ人というのであって、それ以上さかのぼることはできない。このように岡田教授はポッペ教授から習った。

この学説に従うと、今のドイツのライン川沿い（だいたいフランスとの国境）にずーっと古くから生きてきたユダヤ人たちは、この人々だ、ということになる。Torah（モーセ5書）は信仰しただろうが、イスラエル＝パレスチナで生まれたユダヤ教の人々（セム族）とは関係が分からない。それ以上、さかのぼれない、とポッペ教授は言うのだ。

このライン川沿いにBC200年ぐらいから生きた戦場商人は、どうもイスラエル＝パレスチナの話に出てくるユダヤ人たちとは別個の人々だ。たとえば、カール・マルクスが、このライン川沿いユダヤ人の典型である。

このライン川沿いユダヤ人たちが、徐々にポーランドのほうに移動していった、と考えるのが、今も通説である「東欧《とうおう》ユダヤ人説」である。

この説は、第1部で説明した、『第13支族』"The Thirteen Tribe"のアーサー・ケストラー(アシュケナージ・ユダヤ人のカザール人起源説)と、シュロモー・サンド教授たちの学説によって否定された。

この2冊は、イスラエル本国でも無視することができなくなっている。しかもイスラエルの歴史学者の大家《たいか》たちによっても、この説は支持されている。この2冊をぜひ読んでください。

ユダヤ人は都合が悪くなるとヤハウェ神を捨てた

エジプトからモーセたちが、紀元前1250年から、ぞろぞろと移動してきたのは、遊牧民の習性だ。牛、馬、羊をたくさん連れて移動した。奥さんと子供を連れて、鍋釜《なべかま》を提《さ》げて移動した。だから40年もさまよえたのだ。

しかし牧草のあるところしか、さまよえない。草がないと食料である家畜が死んでしまう。だから大きな砂漠を渡ることはできない。

モーセの死後、ヨシュアたち士師《シェパード》は、200年かけてイスラエルを支配した。ユダヤ民族は、自分たち自身も元はエジプト人なのに、同じエジプトからの植民者であるペリシテ人たちと、小さな戦争（争い）をし続けた。

大切なことは、ペリシテ人の方が勝ったときには、ユダヤ人は、なんと、さっさと、自分もペリシテ人に戻ってしまうことだ。つまり、太陽神（バアル神）と豊穣神に戻って、何の問題もなく穏やかに生きる。

ところが、時々発作が出るように、「自分たちは啓典の民で、選ばれた人間（チョーズン・ピープル）でヤハウェに忠誠を誓う」と、とたんにユダヤ人に戻る。この繰り返しが、『旧約聖書』にずっと書いてある。この点を読み破ることが大事である。

都合が悪くなると、イスラエル（ユダヤ）人はヤハウェ神を捨ててペリシテ人に戻ってしまう。ここが分からないから日本人はユダヤ人、そしてユダヤ教というものが、分からないのである。

戦争をして、それに勝利して、相手の都市を陥落させたときは、敵だった国や部族の、王族や将軍、軍人たちは殺される。だが、その周りの民衆は、一般の兵隊を含めて、殺されることはない。生き残っていく。

兵士たちは捕虜となり、勝利者の奴隷として売買される。一般庶民は、殺されないでいつの時代も労働力として、それなりに大切にされたはずなのだ。そして農民として年貢(税金)を納め続ける。

だから、戦争で都市が陥落してそこの住民も全滅、と歴史書は書くが、そんなことはない。上《うえ》の方の責任者たちは処刑されるが大半は生き残る。だいたい戦場になる前に、人々はそこから脱出して逃げる。そして戦争が終わったら戻ってくる。

だからサンド教授は、「ユダヤ民族の追放とか離散(ディアスポラ)」というのはなかった、と力説している。

都市、国ごとに皆殺し、ということは、どんな時代にもない。できない。人間は、牛馬のような家畜並みに、いや、それ以上の労働力として大切に扱われたのだ。

だから『旧約聖書』の、「士師記」や、そのあとの「列王記」などで、「敵の3000人を殺し」とかある記述は大袈裟《おおげさ》だ。実際はおそらく、百分の一の「30人を殺した」だっただろう。30人が死ぬ戦争でも部族間抗争としては大変なことだっただろう。

消えた10支族と王の友になったユダヤ人

サウル王のとき、エルサレムを中心に定住

「士師記」のヨシュアからあとの200年間（BC1000年まで）の、最後の12番目のシェパード（軍事指導者）、サムエル（サミュエル）までが、士師《しし》の時代だ。士師とは前述したが、セファルド、英語読みなら、シェパードshepard、羊飼いだ。

この士師の時代のあと、サウル王、ダビデ王、ソロモン王の「列王記《れつおうき》」の時代に入る。

サウル王は、次のダビデ王とずっと仲が悪かった。嫌い合って戦いを続けた。サウル王が戦死して、次のダビデが王になり、BC1000年にようやく神殿をつくった。それがエルサレムの神殿《テンプル》だ。その息子のソロモン王が、さらに、それをもっと立派なものに建て

替えた。だからソロモン神殿と言う。

恐らくダビデ王がつくった神殿《テンプル》は小さかっただろう。この「列王記《れつおうき》」の時代になって、ユダヤ人は初めて定住したようだ。この時からエルサレムを中心とした民族となる。

王国になる前は、ずっと移動していたようだ。テント（天幕）をばらばらに分解して、次の野営地まで、ぞろぞろと移動した。それは別にユダヤ民族だけのことではなく、当時の人間のほとんどは遊牧民《ノウマド》として、みんなそうだったのだ。定住すると危険なのだ。いつ襲われるか分からない。

預言者サムエルを描いた「サムエル記」というのがあって、ここからが、「列王記」の王様の時代になる。サムエルは最後のシェパード（士師）でありながら、同時に最初の預言者《プロウフェト》である。

サムエルが、BC1025年に、サウルを王様に選んだ。ユダヤ国の最初の国王に選ばれたのがサウルだ。エルサレムを中心にして定住した。ところが預言者（宗教指導者）サムエルはサウル王と気が合わない。

サウル王は、アンモン人やアマレク人やペリシテ人を打ち倒した、と書いてある。何とか人、かんとか人という名が、たくさん出てくるから、日本人は聖書を読んでいて本当に困る。

それは部族の名であって、埼玉県人とか、関西人、九州人ぐらいの意味なのだろう、と考えればいい。こういうことを教える人がいないから、日本人は世界史の勉強がイヤになる。

戦争に強い人が王様になるべきだから、サウルをサムエルが初代国王にした。ところが、サウルはペリシテ人に負けて、捕まり、体の皮をはがされて息子たちと城の城壁に死体をつるされている。そのように「列王記」に書いてある。それが本当の人類の歴史というものだ。

翌日、戦死者からはぎとろうとやって来たペリシテ軍は、サウルとその三人の息子がギルボア山に倒れているのを見つけた。彼らはサウルの首を切り落とし、武具を奪った。ペリシテ全土に使者が送られ、彼らの偶像の神殿の民に戦勝が伝えられた。彼らはサウルの武具をアシュトレト神殿に納め、その遺体をベト・シャンの城壁にさらした。（サムエル記上　31章）

これは真実だろう。

ダビデとソロモンの栄華

その次がダビデ大王だ。それからソロモン王という能力のあるすばらしい王様が出た。BC1000年からBC900年の百年間は、イスラエルに、この3人のすばらしい王様が出た。

その次のアブサロムは、ソロモンの長男なのだが、廃嫡《はいちゃく》されている。他の兄弟たちとの抗争（相続争い）がヒドかったようだ。いつの時代も権力者は、同じ血族同士で激しく争う。

アブサロムは、今では「親の心、子知らず」のバカ息子の代名詞と欧米人世界ではなっている。このアブサロムも敵と戦って、敗けて、皮をはがされ死体をさらされる、という悲惨な死に方をしている。アブサロムは王になれなかった。

ユダヤ王国は、（この頃も）エジプト帝国の属国で、家来の扱いだ。

しかし、やがて、エジプトの力が弱まって、アッシリア（メソポタミアだ）という遊牧民の帝国が強くなってきた。

アッシリアは、今のシリアも含む。首都は今のシリアのダマスカスではなくて、もっと東の方のメソポタミアの平原で、古代遺跡があるニネヴェだ。

ニネヴェは水も出るし、緑もあって、穀物も育てられた。最初、アッシリアの首都は、カルフだったが、ニネヴェに移した。IS（イスラム国）は、パルミラやニムルドなどの貴重な遺跡を破壊して世界中の人々の怒りを買った。ニムルドは、ニネヴェ遺跡に近い。

やがてアッシリア帝国が強大になって、イスラエル国は攻め落とされて、その属領になった。

ユダヤ10支族はどこに消えたのか

イスラエルはソロモン王の死後BC930年に、2つの王国に分裂した。アッシリア帝国のサルゴン2世が、BC771年に、2つに分裂していたうちの北のイスラエル王国（首都はサマリア）を占領した。南のユダ（ヤ）王国は残った。北の方の10部族はこのときのBC772年に消滅したことになっている。残ったのは、エルサレムを中心にしたユダ

（ヤ）族とベニヤミン族、レビ族の3つだ。
ベニヤミン族というのは、モーセと移動していた時期に、神との契約をした文書（モーセの十戒の石版）が入っている聖なる櫃《ひつ》を担ぐ係だ。映画「インディ（アナ）・ジョーンズ」の『失われた聖櫃《ザ・ロスト・アーク》』（1981年作）では主人公のインディ（アナ）・ジョーンズはこの聖《せい》櫃《ひつ》Ark《アーク》を探した。

この聖櫃《アーク》はのちのBC586年に、エルサレムが、バビロニア帝国（ネブカドネザル王）によって占領されたときに、持ち去られて、以後、行方不明になったままだ。壊されて残っているはずもない。その後のあちこちの至聖所《シナゴーク》の聖櫃には、古い文書（ゲニーザ）が保管されている。

ベニヤミン族というのは、アメン神官というこの祭司たちのお世話係で食事をお供《そな》えする係だった。この、アメン神官団（10人ぐらいいたようだ）がモーセ集団の中にいて、一緒に移動した。このアメン神官たちが、まさしくヤハウェ神そのものだったろう。ヤハウェとはアメン神官たちのことだったのである。レビ族は、この聖櫃《アーク》や至聖所の天幕を解体して担《かつ》いで移動する役目の人々であった。

やがてレビ族もベニヤミン族も消滅して、ユダヤ族だけが残った。ベニヤミン族とレビ族はユダ（ヤ）族に吸収された。

ＢＣ722年に、（北の）イスラエル国（その首都はサマリア。イエスの生地ナザレに近い）は滅亡した、と書かれている。滅亡して消滅するはずがない。彼らはペリシテ人に戻ったのだ。

アッシリア帝国による占領によって、ここにいたユダヤ人の10の支族《トライブ》が「消えていなくなった（消滅した）」と世界史では習う。聖書学（今日訳《こんにちやく》の聖書の研究）の学者たちが、「10支族は消滅した」と書くから消滅論が定説になっている。それで、本当はどうなの？と聞くと、誰も答えない。

私の考えでは、この旧支族は、ペ、リ、シ、テ、人、に、戻、っ、た、。ユダヤ教（ヤハウェ信仰）を捨てて、現地で生き延びていった。このように考えるのが合理的である。

宗主国《そうしゅこく》（支配民族）となったアッシリア帝国（元々、バビロニア帝国の弟分の国だ）の宗教である太陽神（バアル神）を、「消えた」ユダヤ教の10支族は拝み、生き続けた。言語はアッシリア人と同じアラム語でいいのだから、何の変化もない。

このことを（北の）イスラエル国がユダヤ教を捨てた、という一点で、『旧約聖書』が激しく怒って嘆《なげ》いているだけだ。以後、『旧約聖書』の記述で、この北イスラエルの人々

ユダヤ12支族《トライブ》の系図

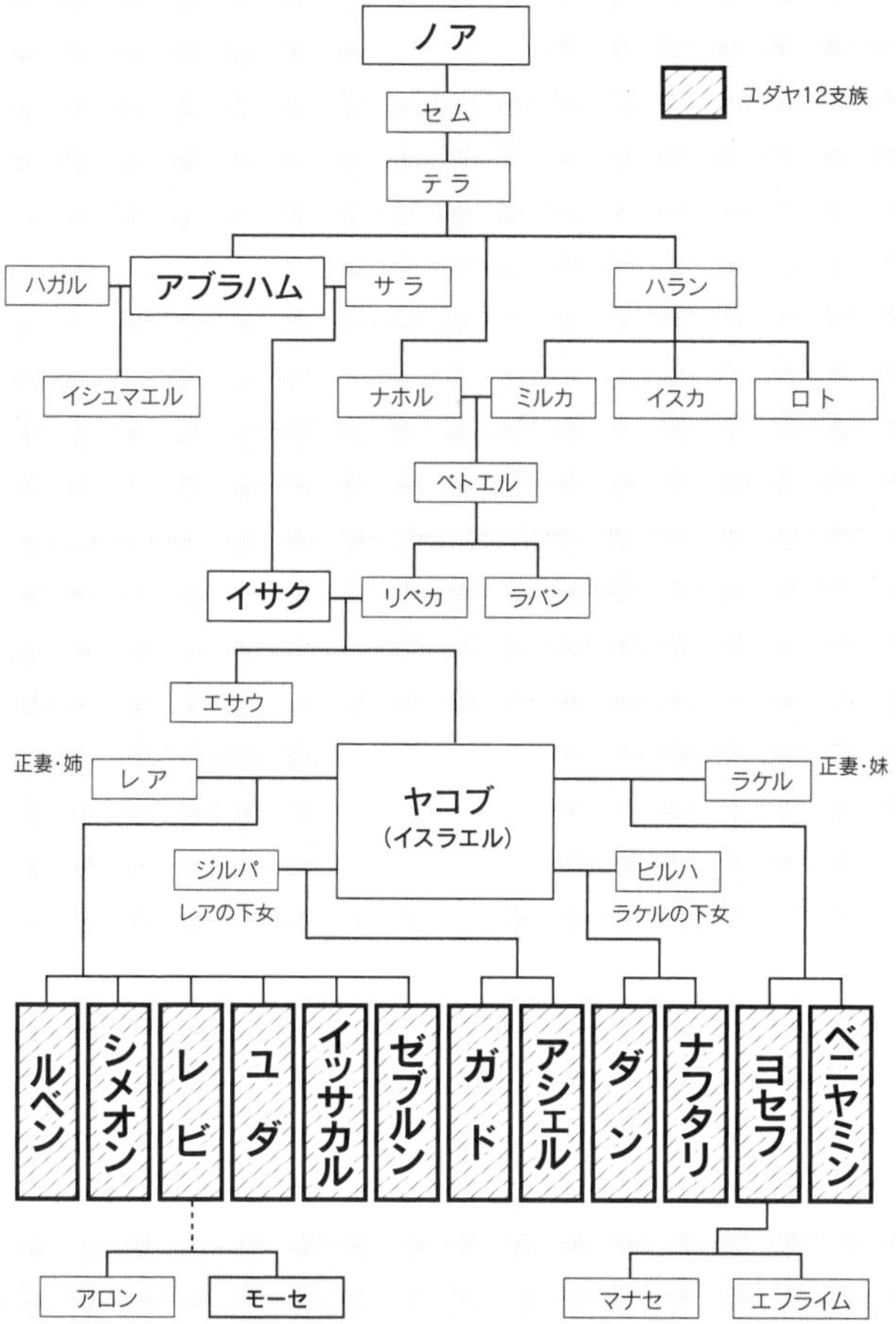

をサマリア人と言って異教徒扱いしている。

ところが、それから600年後のイエスの出現の頃には（ローマ帝国が支配した時代）、この地域はまたユダヤ人に戻っている。

消滅したはずの北部の10部族は、繰り返すが、ペリシテ人に同化したのだ。アッシリア帝国の宗教を拝むように強制される必要もないぐらいに、ごく自然に他のペリシテ人たちと同じ、太陽神（太陽崇拝）と豊穣神（大地の恵みで、作物がたくさん取れ、家畜の動物が増えますようにと祈ること）を拝んだだろう。これでいいのだ。

『旧約聖書』は、憎むべき、偶像崇拝の、バアル神の信仰に戻った、とよく書く。黄金の子牛を作って、みんなで、そのまわりを、どんつくどんつくと踊った、と。

ヤハウェ神（ユダヤ教）を捨てた者たちが、鋳造して崇んだ黄金の子牛の像とは、バアル神のお乳がよく出る牛の像なのだろう。この豊穣《ほうじょう》の神の他に、太陽神（太陽崇拝）がいることは前述した。

エジプトも太陽崇拝、ラー Ra（太陽神）だ。メソポタミア、バビロニアでも Baar 太陽崇拝である。

バビロニア帝国の宗教もバアルという太陽神だ。消えたユダヤ10支族は、さっさとこのバアル神に戻ったのだ。このことを指して、「10支族は消滅した」と書いた。「消えた10支族」は、ユダヤ教を捨てて、元のエジプトの植民者の宗教に戻っただけなのに。こう考えると理屈が合う。

こう考えなければ、10支族が滅びましたとは、何のことか、分からない。10支族の名前は、イスラエルの各地方の名前になって今も、残っている。P181に系図を示した。

ネブカドネザル2世王とバビロン捕囚

アッシリア帝国は、南の新バビロニア帝国によって滅ぼされた（BC586年）。そうなるとイスラエルは、今度は新バビロニア帝国の属国になった。

ユダ王国にはエホヤキム王という王がいた。一族は新バビロニア帝国の首都のバビロンに連れてゆかれた。これが「バビロン捕囚」（Babylonian captivity）である。捕囚は3回行なわれた。

捕囚にあったこのエホヤキム王族のひとりが「エゼキエル書」で描かれる預言者エゼキエルであろう。

新バビロニア帝国は、エルサレムを徹底的に破壊した。イスラエル人たちが、このとき新バビロニアの言うことを聞かなくて反抗したからだろう。これで第2次バビロン捕囚となる。紀元前586年だ。

ソロモン神殿《テンプル》は徹底的に壊された。ユダヤ人たちは、ここに立て籠《こも》って戦ったようだ。神殿（至聖所とその周り）を壊したのは、新バビロニア帝国のネブカドネザル2世王（Nebuchadnezzar II、BC634－BC562年）だ。

このネブカドネザル2世王が、19世紀の有名なイタリア人のオペラ作家ヴェルディの歌劇《オペラ》「ナブッコ」（1842年初演）だ。ヴェルディの第1作目の処女作で出世作である。この中に「我が想いよ、黄金の翼に乗って」という大事なアリアがある。「私たちをふるさとのパレスチナの地に帰してください」という歌だ。

これは、イタリアでは今でも、子供でも知っているイタリアの第2国歌だそうだ。「黄金の翼に乗ってバビロンからエルサレムに帰りたい」という話で、歌劇の中ではネブカドネザル王、即ちナブッコ王が改心して自らユダヤ教徒になったということになっているだけど、真実のモデルは、ネブカドネザル2世王の息子だ。

バビロン捕囚のルート

新バビロニア帝国のネブカドネザル2世王が、
ユダヤ人たちをバビロンに連行（BC586年）。
その48年後、アケメネス朝ペルシアの
キュロス2世が、新バビロニア帝国を滅ぼした。
そしてユダヤ人たちの帰還を許可した。

ユダヤ人は商人であって、
帝国から帝国を移動していった。
離散（ディアスポラ）ではなくて、
今は、「散在」と訳す。

「王の友」となったユダヤ人王族たち

ネブカドネザル2世の息子で、アメル・マルドゥクという王子が、4年間だけ国王をやった。これが紀元前560年だ。

この王はユダヤ教徒たちを大事にした。囚《とら》われの身だったユダヤの民を「解放奴隷」、つまり自由民にし、手厚く扱った。なぜだろうか。

きっとユダヤ民族がいろいろな技術を持っていたからだ。機織《はたお》りの技術やら、石造りの城などの技術を持っていたから大事にした。ヴェルディの「ナブッコ」に出てくるのは、この王の話だ。

だから不思議な感じだが、捕虜、奴隷として連れていかれたはずのユダヤ人の王族たちは、もうすごくいい待遇を受けている。奴隷扱いではない。一緒に王様とご飯を食べている、「王の友」という扱いだ。

それが後で出てくる「ダニエル書」の中に描かれてる。

「ダニエル書」のダニエルとエゼキエルの2人は、捕囚から48年後に、「お前たちはもうエルサレムに帰っていいぞ。そして神殿を再建していい」と、次の皇帝（新しい征服者）

のアケメネス朝ペルシアのキュロス2世に言われた。が、帰らないで、バビロンに居残った。

そして〝王（皇帝）の友〟となって、帝国を繁栄させた。預言者の書というが、このダニエルとエゼキエルの2人は、バビロンに居残ったユダヤ人の指導者である。どうもユダヤ人を高官にすると、その帝国（国）が、優れたユダヤ人の商才で富んで栄えますよ、ということを豪華に描いている書なのだ。

つまりユダヤ人のレベルが高かった。ユダヤの文化の方が優れていて、質がよくて、立派で、文化の度合いが高かったのだ。

「モーセ5書」という啓典（聖典）、という知恵（知識）の塊（結集体）を持っていたということもあったろう。ユダヤ人は文化が高い、ということで尊敬されていた。優れた知識、教養、文化に人間は憧れる。そして決定的なのは金儲けの精神がずば抜けていたことである。

事実、ユダヤ人は、脳レベルも高かった。だからアメル・マルドゥク王もユダヤ教を信じ、自分も改宗しただろう。この新バビロニアの王は、確かにユダヤ教を信じ、ユダヤ人たちを大事にした。

アケメネス朝ペルシアのバビロン征服とユダヤ民族解放

ところがそこへ再び「ドドドの大襲来」が起きた。ＢＣ５８６年のバビロン捕囚の48年後に、キュロス2世という強い王が出てきた。この王は、イラン高原からバビロンに「ドドド」と攻め下ってきたアケメネス朝ペルシアの初代国王だ。

このキュロス2世という王が、ものすごく戦争に強かった。そうすると、また周りの小国が貢《みつ》ぎ物をして服属して強力な帝国が出来る。

戦争が強い新興帝国は、北の高原から生まれる。馬を豊富に飼育して持っているからだ。古代の戦争にはどうしても馬が必要だ。きっと10万頭ぐらいの騎馬で攻め下りてきた。

前述したアナトリア（トルコの中央部）のヒッタイト帝国（ＢＣ１６８０—ＢＣ１２００年）も強かった。この頃の戦争は、馬が引く戦車（チャリオット）によるぶつかり合いだ。だから、やはり優秀な馬をたくさん育てた遊牧民族が戦争で勝つ。

アケメネス朝ペルシアが、ＢＣ５３８年に、東の方のイラン高原からドドドと、新バビロニア王国（帝国）に攻め込んで滅ぼした。首都はそのままペルセポリスというイラン（ペルシア）高原にある都市だ。ペルシア軍は、このあとぐるっとシリアを回ってユダヤ国までやって来た。

このペルシア高原からドドドと攻め込んできた遊牧民の王、キュロス2世が、前述としたようにBC539年に、バビロンに囚《とら》われていたイスラエルの民に、「お前たちは、もう帰っていいぞ」と言って、帰還許可を出した。

キュロス王にしてみれば、自分はバビロンからシリア、エルサレムまでさらにはエジプトまでも支配したわけだから、すべてが自分の属国だ。ユダヤ人を自分の国に帰して、繁栄させて、たくさん税金を払わせよう、という考えだったのだろうか。

こうしてユダヤ人たちはバビロンからパレスチナの地に帰っていった。だが、1万人ぐらいいらしい。ダニエルたち残りの4万人は居残った。帰還した者たちはエルサレムの神殿をきれいに造り直した。立派な神殿を再建した。ここからが第2神殿時代だ。

バビロンに残った人たちがユダヤ教を守った

ところがバビロンに居残った者たちもかなりいた。『仕事に効く教養としての「世界史」』(出口治明《でぐちはるあき》著)に、戻らなかった者が4万人いたと、書いてある。

BC586年の捕囚《キャプティヴィティ》以来、バビロンに移住したユダヤ人たちは、ものすごい商業の才能、金儲けの才能があった。そして、税金の取り立てがうまかった。だから、王様にとても愛されたのだ。

「バビロンに残った人たちは、バビロンの大都会のにぎやかで華美な生活が大好きだった。だからエルサレムに戻らなかった」と、前掲書のP80に書いてある。ここが大事だ。それで自分たちのユダヤ教の信仰も守った。

このバビロンに居残ったユダヤ人で「王の友」になった者たちが、おそらくこのあと「バビロニア・タルムード」（BC490年）を作った人々になってゆく。彼らはバビロンにいても土地を所有できなかったから、商売で生きるしかなかった。

「ユダヤ人は商売の才能がある民族だから、才能を発揮して、充実した都会生活を送っていた」と前掲書に書いてある。金もうけと過酷な徴税の才能で、王様にべったりくっついて大事にされたのだろう。

ユダヤ教を信じる者たちは、金儲けを罪悪視しない。穢《きたな》いことだと思わない。ほかの大宗教は、そうではない。金儲け、商業活動は汚れたことだ、と考えていた。ユダヤ人には、最初からそういう考えがない。だから彼らは生き延びた。資本主義《カピタリスムス》の精神《スピリット》はユダヤ教徒によってつくられたのだ。

このことを、私は弟子たちと2005年に出して、2018年に論文集として復刊した『金儲けの精神をユダヤ思想に学ぶ』（祥伝社新書）に書いた。

簡単に解説すると、「合理《ごうり》と理性《りせい》の重視」、即ち、「ラチオ（ratio　合理）と、リーズン（reason　理性）を崇拝することが、ユダヤ思想の中心部分であり、本体である。

そして、このラチオ、リーズンこそは、人類（すべての人間）が、片時も逃れることのできない、強欲と拝金の思想の根本である。


BC539年にバビロン捕囚から1万人ぐらいがイスラエルに帰ってきて、壊された神殿を造り直した。

ペルシア帝国に支配されたエルサレムは、この後《あと》、今度はアレクサンドロス大王のギリシア（ヘレニズム）に、支配された（BC332年）。それからポエニ戦争（ローマとカルタゴ、フェニキアとの戦争）だ。BC264年からBC149年まで115年間も続いた。この戦いはローマがフェニキア（カルタゴ）に勝利した。

このあと北イラクの辺りにパルティア帝国というのが出来た。ユダヤ人たちは、このパルティアに頼って、アレクサンドロス大王の家来だったギリシア人の帝国（セレウコス朝シリア）の支配から逃れようとした。この頃ローマ人がギリシア（アテネ）を陥落させた（BC168年）ので、そのすきに独立しようとした。このときハスモン家という指導者の家柄が現れる。ハスモン家がユダヤの王を名乗った（BC141年）。

しかし、そうはうまく行かなくて、ローマ帝国によって支配された。

そして100年がたって、イエス（BC6年生）がエルサレムに現れた。そのイエスも殺されて（AD30年）、その36年後に、「（第1次）ユダヤ戦争」が起きた（AD66年から）。ユダヤ人たちが激しく怒って、暴動を起こしてローマ軍に立ち向かった。激しい民族解放戦争だ。

ユダヤ人が立てこもったエルサレムの神殿の丘（至聖所とソロモン神殿）は、この戦争で陥落して、ローマ軍によって徹底的に破壊された。これがユダヤ人たちにとっての「第2神殿の崩壊」である。これ以降、現在に至るまでユダヤ人は神殿の丘を取り戻していない。この時から彼らの「嘆きの壁」（祖国を失った者たち）の思想がつくられた。

だから、現在、「第3神殿（を建設しよう）運動」（ラビ・カハネ主義）という、ユダヤ人の中でも最も右翼原理主義の人々がいる。

聖地エルサレムと岩のドーム

嘆きの壁の向こうに岩のドームがそびえ立つ

写真：Shutterstock

「神殿の丘」に今あるキンキラの岩のドーム（クバ・アルサクラ）は、もともとは、ユダヤ教の至聖所だ。AD691年からイスラム教の聖地にされた。それ以来、ユダヤ人がずっと怒っている。

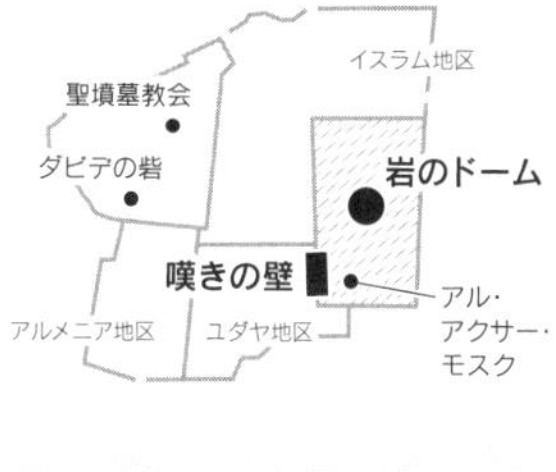

エルサレム・旧市街図

彼らを現在のイスラエル国のネタニエフ首相たち温健派は抑えつけている。
「第1次ユダヤ戦争」（AD66─70年）のときに捕虜になったユダヤ人の指導者のひとりでフラウィウス・ヨセフスという人がいた。この大秀才のユダヤ人が、ローマで『ユダヤ戦記』を書いた。これが今に伝わっている。超一級の歴史資料とされる。ギリシア語で書かれている。

この戦争が終わった年の、AD70年からを、「ディアスポラ」Diaspora（大離散）と言う。生き延びたユダヤ人の有力者たちは、全員外国の地に逃れ出ていった。そうしないとローマ兵に殺されてしまう。このユダヤ人の大離散は、有名な事件である。

ところがユダヤ人たちは、62年後に再び蜂起した。それがAD132年の「第2次ユダヤ戦争」だ。これは、指導者の名から、「バル・コクバ Bar Kochba の反乱」とも呼ばれる。ローマ人が、「私たちローマの神を崇《あが》めよ」と強制したので、ユダヤ人たちが怒って反乱を起こしたようだ。

ギリシアとローマの支配がユダヤ人に押し付けたヘレニズム（Hellenism）に強く反発、対抗して、ジュダイズム Judaism（ユダヤ教、ユダヤ思想とも訳せる）が生まれたのだとされる。

だからユダヤ教は、はっきりと成立したのは、この紀元後AD200年代なのだ。この時に前述した『旧約聖書』(モーセ5書)とそれから、ミシュナ・タルムードが作られた。それはラビたちによってギリシア語で書かれた。

ユダヤ人の「大離散」はなかった

ヘブライ語もこの頃に出来ただろう。だからユダヤ人=ヘブライ人=イスラエル人なのである。今のイスラエルのユダヤ人は、全員、この現代ヘブライ語(Hebrew《ヘブリュー》)を話す。この現代ヘブライ語は、E・ベン・イェフダ(1858―1922年)という言語学者がつくった。

この他に今もIdesh《イーディシュ》(くずれドイツ語)を話す東欧系の1世のユダヤ人たちがいる。彼らイーディッシュ語を使う人々は、エルサレムの旧市街の北の方にまとまって居住している。1880年代から次々と東欧からやって来た人々だ。一番古い帰還者たちだ。

第1次ユダヤ戦争終結のAD70年、あるいは第2次ユダヤ戦争終結のAD135年からのユダヤ人の世界各地への移住の、どちらを「大離散《ディアスポラ》」と言うのか、私には分からない。

この時期から、世界中にユダヤ人が流れ出していったとするのが歴史の通説だ。
だが、そんな大離散などなかった、とシュロモー・サンド教授は『ユダヤ人の発明』（２００８年刊）の中で書いている。たしかに反抗したユダヤ人の有力者たちは逃げただろう。そのままいたら殺される。だが、一般庶民のユダヤ人たちは、ずっと残っていた。だからペリシテ人に戻ったのだ。

　ユダヤ教徒はエルサレム周辺からほとんど消えただろう。抵抗するユダヤ人は、ローマ軍に殺されるからだ。それでもおそらく10万人か20万人のユダヤの平民たちは、ずっとひっそりと現地にとどまっていたはずだ。

　同時に、古くから現地人であるパレスチナ人（＝ペリシテ人＝パリサイ人）もずっとそのまま生きている。エジプトから入植して移住してきた３８００年前から今もいる。私は、さらに「ヒクソス人」とエジプト史で呼ばれるパレスチナの遊牧民が、１８０年間、下《しも》エジプトを占領、支配した時代（ＢＣ１７２０―ＢＣ１５４０年）を加えて、３８００年とする。パレスチナ人（ペリシテ人）たちは、ずっとユダヤ人と混住、共存している。この現実を変えることは誰にもできない。

聖地エルサレムは3大宗教の争奪地帯

強固な意志のユダヤ人とイスラム教化したパレスチナ人

ここまで書いてきた通り、ユダヤ人とパレスチナ人は同じ、エジプトから来た同種の民族である。外見も区別はつかない。

かなり現代に近い1880年からは、東欧やドイツなどからの白人系ユダヤ教徒の移民（アシュケナージ・ユダヤ人）がイスラエルへどんどんやって来た。

今ではこの東欧（ポーランド、ハンガリー、ロシア、ドイツなど）系の人々が、多数派のイスラエル国民である。イスラエル国の8割ぐらいがそうらしい。

ユダヤ人は、強烈に、「自分たちはモーセが自分たちの神（ヤハウェあるいはエロヒム）

と約束した「契約」によって神に選ばれた民族（chosen people《チョーズン・ピープル》）である」と信じている。だから、どんなに周りの民族から迷惑がられ、嫌われても、頑固なユダヤ教徒は決してめげない。インコリジブル incorrigible（手におえない、救いようがない）だ。

この強固な宗教的団結と、「神との約束を守る意志」は、本当に特別なものであり、ここまで強固だと尊敬に値する。私は『旧約聖書』を読み返して、私は本当にユダヤ教徒になりたい、と一瞬思った。本当に強い意志の人々だ。

これに対してパレスチナの先住民であるパレスチナ人（ペリシテ人）たちは、少し朗《ほが》らかな人たちだ。彼らは別の宗教と言葉を選んだ。イスラム教とアラビア語である。

AD630年代には、パレスチナに、成立したばかりのイスラム教が広がって来て、パレスチナ人はイスラム教徒となった。だからアラブ人となった。

エルサレムを聖地にしようとしたイスラム教徒たち

イスラム教が成立した年を、「ヒジュラ元年」と言う。西暦では紀元622年だ。この年に、ムハンマド（マホメッド、570—632年）という男が、今のサウジアラビアのヒジャーズ地方（メッカの北方一帯）に出てきた。彼は、高い精神性を持って、純粋な思考で人々に語った。

そして、ムハンマドは預言者であり、「神アッラーの言葉を人々に繋《つな》ぐ人（messenger《メッセンジャー》）」として、徐々に認められるようになった。そして、イスラム教は６２２年から爆発的な信仰の広がりを見せた（ムハンマド51歳のとき）。

この爆発的な広がりは、それより６００年前の、イエスが死んですぐの、紀元後40年代からのキリスト教（キリスト教徒はローマ帝国全体に異常に拡大した）と似ている。

ムハンマドの教え（イスラム教）は、まず、ベドウィン族と呼ばれる砂漠の民（商業民である。ムハンマドもそう）の間に広がった。そして、それからたった１００年もたたないうちに、ドカーンとものすごい勢いで、中東どころか、中央アジア一帯、北アフリカ、インド、そしてインドネシアにまで広がっていった。

ムハンマド（マホメッド）は、イスラム教成立の10年後（６３２年）に、エルサレムの神殿の丘の岩のドーム（アラビア語でクバ・アルサクラ）、から天《パラダイス》に昇天《アセンション》した（62歳で死去）。

イスラム教徒たちは、教祖ムハンマドの死後、「エルサレムをメッカ、メディナに次ぐ３番目の、自分たちの聖地とする、と決めた。

ムハンマドはエルサレムに来ていない。死んだのはメディナだ。それなのに、「エルサレムはイスラム教徒の聖地でもある」と彼らは言い出した。

これにユダヤ人たちが怒っている。「勝手な理屈で、私たちの神聖なる至聖所、聖なる礼拝所に、６９１年にモスクを建てやがって！」ということになり、そしてこの対立と怒りが今につながっている。なるほどなあ、と、しみじみと思う。私はこのユダヤ人たちの気持ちが分かる。

イスラム教は、ユダヤ教とキリスト教の真似《まね》だ。尊敬していたからこそものすごく真似してしまった。イエスの死から６００年も後にできた宗教なのだから当然だ。

エルサレムの至聖所は、この神殿の丘《マウント・オブ・ザ・ロック》の中心に、古く紀元前１０００年（ダビデ王の頃）にユダヤ教最大の聖地として建てられた。

まさしくそこにＡＤ６９１年、イスラム教徒（ウマイヤ朝の第5代カリフで名君のアブドゥル・マリクの時）が岩のドーム・モスク（クバ・アルサクラ）を建てた。このことはイスラム教徒もこのことを重々分かっている。現在の黄金の屋根を頂く、輝くブルー・タイル

（トルコ石の青ターコイズ）八角の回廊のモスクは、おそらくその後のオスマン・トルコ帝国によってさらに綺麗に建て替えられたものだ。

3200年をさかのぼれば、ユダヤ人たちの方に言い分がある。AD691年という、2500年も後になってから勝手に、そこにイスラム教徒がモスクを建てたのはやっぱりまずい、と私は思う。

ところがユダヤ教、キリスト教、イスラム教のこの3つの宗教の神は同じ神である。全く同じ神を拝んでいるというのだ。私はこのことを碩学《せきがく》・小室直樹先生から習った。もともとユダヤ教の聖地だった所を、「自分たちの聖地にする」とイスラム教徒がやってしまったのは、どうもよくない。ムハンマドたちは、初めはエルサレムの神殿の丘に向かって拝んでいた。624年（54歳のとき）に、ムハンマド自身が、「以後は、メッカのカーバ神殿（ここには黒い隕石《いんせき》が置かれていた）を拝む」と決めた。それまではエルサレムを拝んでいた。

十字軍の侵攻は2文明間の衝突

ＡＤ６２４年からさらに時代が４００年下《くだ》って、ＡＤ１１００年代に、中東で歴史上の大事件が始まった。それが、紀元後１０９６年からの十字軍（クルセイダーズ）の運動だ。西欧キリスト教の国々が、現在でいう多国籍軍（連合軍。アライド・フォーシズ）をつくって、陸路をあるいは船団を組んで中東に攻め込んできた。自分たちの神であるイエス・キリストが死んだ地である聖地エルサレムを、アラビア人（イスラム教徒）から奪還するぞ、と、ものすごい勢いで攻め込んできた。人類の歴史は狂気と熱狂とイベント（催し物）に満ちている。なんでこうなるの、という感じだ。

この頃は、中東アラブ世界全体でイスラム教がものすごく強くなっていた。同時にキリスト教の西洋白人たちも負けていなくて、どんどん元気になった時代だ。それで両者は激突した。

西ヨーロッパ諸国の王子たちの中で、暴れ者の元気な者たちが、「我こそは英雄にならん」と、猛《たけ》り狂うような騎士道《きしどう》（シュバリエ）精神で、「我らが聖地エルサレムを、イスラム教徒どもから奪還するぞ！」と十字軍（クルセーダーズ）は動き出した。

だから今で言う国際的な軍事行動だ。まさしく国連軍《こくれんぐん》だ。これは、大きな文明と別の文明の間《あいだ》の「文明間《かん》の衝突」The Clash of the Civilizations である。これは名著（サミュエル・P・ハンチントン著 1995年刊、集英社）の書名だ。訳は「文明の衝突」ではいけない。意味が不確かだ。「ひとつの文明と別の文明の衝突」だから、「文明間の衝突」と訂正しなければいけない。

ローマ教皇ウルバヌス2世が、1095年11月に、攻撃命令の宣言文を出した（クレルモン公会議）。西ヨーロッパ人の王様やその息子たちは、兵隊をそれぞれ何千人も引き連れて、レバノンやパレスチナの港をめがけて船で向かい、上陸した。そこからさらに内陸のエルサレムに向けて進撃した。

そして、激しい戦いが続いた、3年後の1099年に、十字軍がエルサレムを制圧して占拠した。ここに西欧白人たちによる「エルサレム王国」をつくった。ボールドウィン（ボードワン）という人物が国王になった。ところが最も勇猛だった突撃隊長は、ノブゴロド・ド・ブイヨンというノルマン人（ヴァイキング）の王だ。彼はシシリー島を占領していた。この男が「自分は王にはならない」と譲ったのだ。

十字軍の主力の兵隊たちは、「テンプル騎士団」だった。彼らは、初めの第1次十字軍のときから参加した。彼らは一般庶民なのに、意気盛んに志願兵（ボランティア）として従軍した人々だ。

エルサレム国王の軍隊として、1119年に、神殿の丘の中の南側であるソロモン王の神殿があった場所（今のアルアクサ・モスクの場所）で、テンプル騎士団The Knights Templers《ザ・ナイト・テンプラーズ》を結成した。

自分たちで再建したソロモン神殿を兵舎にして駐屯し、神殿の丘とエルサレムの都市全体を防衛する義務を自ら負った。

それに対しエルサレム王国（1187年の陥落まで88年間続いた）のボールドウィン国王はどこに居城したかと言うと、キリスト教徒の聖地である聖墳墓教会《ホウリー・スパルクル・チャーチ》の近くにあるダビデの砦にいただろう。

十字軍はアラブ世界への侵略戦争

再建した神殿《テンプル》を守る騎士《ナイト》たち、「ナイト・テンプラーズ」（テンプル騎士団。約200年間続いた）は、日本の武士階級のような人々だ。貴族の従者《じゅうしゃ》（これがknight ナイト）だった者たちだ。彼らは海運業の貿易や、巡礼者の保護や病院船、両替商（銀行業）までやった。

エルサレムの周《まわ》りには、敵意に満ちたイスラム教徒がたくさんいた。一時は隆盛を誇ったエルサレム王国だったが、いかんせん、他人の国への遠征軍《えんせいぐん》（エクスペディショナリー）だから、補給が大変で長く続かない。

エルサレム王国の建国から88年たった1187年に、全イスラム軍を率いた英雄サラディン（サラーフ・アッディーン）に大敗北（ヒッティーンの戦い）してエルサレムは陥落した。

この後の西暦1200年代は、イスラエルに駐留した西洋白人軍は、ずっとぼろ負けだ。海辺の港をいくつか城砦都市にして守るのが精いっぱいになった。それも1291年に終わった。

その頃の十字軍は、形の上ではローマ教皇《ホープ》の命令で動いていたが、実際は金目《かねめ》の物を求めた。略奪をした。経済の法則に従わなければ済まない。軍資金を調達し確保して、軍隊を維持しなければいけない。現地まで来た西欧諸国の王様たちは、なんと家来であるはずのテンプル騎士団から借金をした。

主力であるテンプル騎士団も、防戦に窮々《きゅうきゅう》として、ついに1291年の第4回十字軍戦争で大敗（アッコン港の陥落）した。こうして十字軍はみじめに撤退して、ヨーロッパに帰っていった。

だから、十字軍運動とは、ちょうど200年間（1096－1291年）に及ぶ、西洋白人によるアラブ世界への干渉、侵略戦争だった。我らがイエスさまが昇天した地であるエルサレムの聖墳墓教会を守るために。

この後、西洋白人は600年以上、軍事力でエルサレムに戻ってくることはなかった。ようやく1918年に、第1次世界大戦の時に、イギリス軍が、オスマン・トルコ帝国を北に追い払いながらエルサレムに入城している。英国軍のアンレビー将軍のエルサレム入城そしてダマスカス入城である。このイギリス軍の中に、砂漠の英雄「アラビアのロレンス」Lawrence of Arabia《ローレンス・オブ・アラビア》のトーマス・エドワード・ロレンス中佐がいたのである。

テンプル騎士団がフリーメイソンの原型

テンプル騎士団（1119年結成）やマルタ騎士団（病院船を担当）や聖ヨハネ騎士団の「騎士」というのは、従者《じゅうしゃ》の階級であり、荷物運びや駐屯地（砦）の運営をした。「巡礼者たちを保護すること」を名目に、ローマ法王から特別な認可《チャーター》（特許状）をもらってできた団体だ。

より正確には、「シオン修道会」というテンプル騎士団の中心組織があり、こっちは1099年に結成されている。

テンプル騎士団は、やがて軍資金をヨーロッパ中の王様たちにまで提供（融資）した。金貸し業や両替商（初期の銀行業）もやり始めた。自前の船をたくさん所有して海運業（貿易）も手掛け、武器や薬の輸送や販売も盛んに行なった。

ヨーロッパの国王たちは、十字軍への出動の軍役《ぐんえき》で大きな借金を抱えた。テンプル騎士団からの大借金の返済に耐えられなくなったフランス国王フイリップ4世が、ついに怒り心頭に発した。

王はテンプル騎士団の幹部たちを、突如、全員逮捕して拷問にかけ、「悪魔とつながった」という罪名で火あぶりの刑にした。これが1307年の「魔の13日の金曜日《サーティーンズ・フライデー》」事件だ。他のヨーロッパの王たちもこれに倣《なら》った。

このときからテンプル騎士団は全ヨーロッパの都市で地下に潜り、その残党がヨーロッパ中に「秘密結社《ザ・シークレットソサエティ》」のネットワークをつくった。

ビザンツ帝国を滅ぼしたオスマン帝国の支配

十字軍が去った後、西暦1300年ぐらいからオスマン・トルコ帝国が中東を支配した。それより少し前の1258年に、バグダードでアッバース朝というアラブ世界全体を支配したイスラム帝国が滅んだ。東から攻めて来たモンゴル軍（フラグ・ハーン）に制圧されたのだ。

アッバース朝のカリフ（ムハンマドの血を継ぐ教主）は、モンゴル軍をバグタード城内に迎え入れようと自ら城門を開いた。ところがモンゴル軍はカリフの権威を認めなかった。アッバース朝のカリフにしてみれば、モンゴル人という東方からの野蛮人を自分の文明の高さで、上手に騙《だま》して手なずけようとした。

モンゴル人の方が一枚上手だった。バグダードに入ってきたモンゴル軍は、平気でカリフ（イスラム教徒にとっての最高の地位）を馬で蹴り殺した。こうしてバグダードは陥落した。だがダマスカスは持ちこたえた（AD1260年）。この時モンゴル軍の先鋒隊は、地中海にまで来ているし、十字軍が立てこもる港の要塞を見たはずだ。

このときイスラム勢力の中のマムルーク兵（去勢軍人）に、バイパルス1世という強い軍人が出て来て、1260年にモンゴル軍を大破した（アイン・ジャールートの戦い）。バイバルスは、このあと1265年に、十字軍も打ち破っている。そしてマムルーク（奴隷軍人）王朝をつくった。

モンゴル帝国の脅威が、西暦1300年ぐらいには徐々になくなった。オスマン・トルコが台頭する（英雄オスマン・ベイが、1299年に王朝をつくった）。オスマン家というのは、紀元1000年ぐらいからトルコに出てきた一族だ。

オスマン家はカリフにはなれないが、スルタン（皇帝）を名乗った。それが1918年（第1次世界大戦での敗北）までの、実に600年間、アラブ・イスラム教世界全体を支配した。

これが今のトルコのエルドアン政権の強硬な感じによく表れている。私たちはオスマン帝国のことをほとんど知らない。欧米中心の歴史観ばかり習って、そのことに毒されているからだ。

オスマン・トルコ帝国の皇帝《スルタン》は、このあと200年ぐらいかけて、ヨーロッパを取りにいった。

ついに、1453年に、東ローマ帝国（ビザンツ帝国）の首都、コンスタンティノープルを陥落させた。そしてハンガリーやポーランドにまで攻め込んだ。それがのちにセルビア人（南スラブ人）にいじめられるサラエボ人（イスラム教徒）たちの悲劇を生んだ。バルカン半島諸国には、今もオスマン帝国によるこの地域《リージョン》の支配のときからのイスラム教徒がいる。

パレスチナも、1516年からは、オスマン・トルコ帝国に支配されるようになった。

ビザンツ（東ローマ）帝国は、「元《もと》ローマ人なのにギリシア人になってしまった。ギリシア正教（ここからロシア正教が分かれる）を信じるキリスト教徒たち」の帝国だった。ビザンツ帝国は1453年のコンスタンティノープルの陥落で滅亡した。

エルサレムの神殿の丘は、前述したとおり、西暦691年にイスラム教の寺院として造り直され、イスラム教の2つのモスクになった。西暦1099年には十字軍の西欧人たちによってこのモスクも破壊された。

1522年に、オスマン・トルコのスレイマン大帝《スルタン》によって、モスクは再建された。このときに、壁は美しいトルコ式の青いタイルで張られ、金ピカの黄金の丸屋根（ドーム）になったのだ。

イスラエル建国とイスラム教徒になったパレスチナ人

さらに時代が下って、今から１２０年前（１８９８年）に、ヨーロッパのウィーンとパリに、ユダヤ人たちが結集した。

そして、「私たちはもうエルサレムに還《かえ》ろう。我らがイスラエル国を（３２００年前に戻って）再建しよう。もうこれ以上、ヨーロッパやロシアで、ユダヤ人差別と迫害を受けながら生きるわけにはゆかない」と決断した。

そして「エルサレムを奪還して自分たちの国をつくろう」、「シオン《Sion》の丘に戻ろう運動」（Sionism シオニズムの運動）が始まった。このトレンド（趨勢、勢い）が今も続いている。

このシオニストたちによるユダヤ人の国の建国が、１９４８年5月14日のイスラエル建国である。今から70年前である。

だがアラブ人、イスラム教徒の方も負けてない。

パレスチナ人は西暦６３０年代からイスラム教徒になり、アラブ人になってしまった。今やイスラム教徒は世界中に18億人いる。イスラム教は、他の4大宗教と異なって、今も増殖中（信者が増加）なのだそうだ。東南アジアのマレーシアやインドネシアまでそうだ。

この18億人のイスラム教徒の力は侮《あなど》れない。たった840万人のイスラエル人では対抗するのは大変だ。だが、欧米の先進国世界に強力なユダヤ人支援勢力がいる。だからユダヤ人＝ヘブライ人＝イスラエル人も強い。

ユダヤ人はパレスチナ人が住んでいた所に、強固に「自分たちはユダヤ民族Jewish peopleだ」と言い張って新しい民族（国民）をつくった。パレスチナ人から土地を取り上げ、パレスチナ（イスラエル）を自分たちのものにした。この争いは今も続いている。

人類3200年の対立は続く

3200年たって、まだ同じことをやっている。こう考えると人類の歴史というのは、3200年間（もっと大きくは5000年間）ちっとも変わっていない。こう考えると、逆に、かえってホッとする。人類（人間）というのはこの程度の愚か者なのである。

神殿の丘《テンプル・マウント》は、何度も破壊された。誰も寄り付かず、何十年も荒れ果てて放置されていた時代がこの3200年間の間に何十回もある。

ヨーロッパとアメリカにもいるユダヤ人たちが支援するシオニズム運動で、「イスラエルはもともと私たちの国だ」と言っても、アラブ人が聞くわけがない。だから、この争いは、がっぷり四つだ。

この争いは年季が入っている。両方にそれぞれ言い分がある。そして、現実の実際は、パレスチナ人（元はエジプト人で、エジプトからやって来た人々）と、ユダヤ人（同じくエジプトから来たのに強固に自分たちユダヤ教徒を名乗る人々）が共存して雑居して生きている。パレスチナ人たちはユダヤ人が経営する会社や工場や農園で働いている。今のユダヤ人たちはほとんどは真実は西洋人だから、頭が良くて、金儲けがうまい。欧米の白人たちと全く同じビジネスができる。

そして繰り返すが、私が真に驚いたのは、このパレスチナ人従業員たちとユダヤ人経営者たちは話す言葉が、互いに通じるのだそうだ。文字はちがうのに。

今のイスラエルには、アラブ人だけれどもキリスト教徒もいる。パレスチナ人なのに歴史的にキリスト教徒だという人たちだ。商人に多い。

ユダヤ人は、神殿の丘の手前の城壁そのものである「嘆きの壁」Wailing《ウエイリング》 Wall《ウォール》で、祈りながら呻吟《しんぎん》している。「神殿は私たちのものだ。自分たちの聖なる場所だ」と。

このあと100年たっても300年たっても、パレスチナ（イスラエル）の現状はこのままだろう。対立はずっと続く。

だが、500年たつと、きっと人類（人間すべて）は、人種、宗教というものが、もうどうでもよくなってしまう。

そのときに、この根深い対立（たかが3200年間の対立問題）は、解決と言うか、消えてなくなるだろう。

第3部

ギリシア・ローマ
――アテネ壊滅と
ギリシアへの憧憬

ギリシアとフェニキアは一心同体だった

重なり合っているギリシアとフェニキアの植民地

アケメネス朝ペルシア帝国のキュロス2世が強大になり、BC536年に、イスラエル＝パレスチナも占領した。次の王が、ダレイオス1世（ダリウス1世）である。親子続けて戦争に強かったので、「大王《ザ・グレイト》」だ。

ダレイオスI世がBC520年に、オリエント（中東全体）を統一した。父のキュロス2世よりももっと強かった。親子2代で優秀な企業経営者が出ると、本当に財閥になってしまう。アケメネス家のペルシアは、一気に世界帝国《ワールド・エムパイア》になった。ペルシア帝国（首都はペルセポリス）は、このあと200年間栄えた。

その後《あと》、ギリシア（マケドニア）に、アレクサンドロス（アレキサンダー）大王が出てきて、ＢＣ３３３年に、イッソスの戦いでペルシア帝国は負けて滅んだ。

ペルシア人は高原に住むので遊牧民《ノウマド》だ。ドドドと20万人の騎馬隊と、50万頭の馬を率いて、西方のバビロンに向かって攻め下《くだ》った。〝世界の首都〟バビロンを陥落させて、新バビロニア帝国を攻め取った（ＢＣ５３９年）。

このときバビロンに捕囚されていたユダヤ人たちに、「お前たちはイスラエルに帰っていいぞ」と帰還の許可を出した。残る者が多かったが、帰るユダヤ人たちもいた。そしてエルサレムの神殿を建て直した（第2神殿時代）。

ダレイオス1世が、ＢＣ４９０年に「ペルシア戦争」を始めた。さらに地中海世界まで支配することを目指して、ギリシアに攻め込んだ。

この戦いを「ペルシア戦争」と言うと、私たちは習った。だから何のことだか分からない。ヨーロッパ白人を中心に言うからだ。本当は「ペルシア・ギリシア戦争」と呼ばなければいけない。

「日露戦争　Russo《ルロ》 - Japan War《ジャパンウォー》」（１９０４〜１９０５年）のように、戦争する２つの国を並べて表記するのが正しい戦争名の表記だ。だから英語では、Greek《グリーク》 - Persian War《パーシャンウォー》「ギリシア・ペルシア戦争」と正しく表記するべきだ。こういう世界歴史学の基本を学習しないから、日本人は無知《むち》なのだ。「ペルシア戦争」（BC490年と、BC480年の2つある）と習うだけなので、何のことだか分からない。日本の世界史の教師たちと御用《ごよう》学者の怠慢である。

より正しくは、国名を並べ替えて「ペルシア・ギリシア戦争」だ。なぜなら、ペルシアの方が世界帝国であり、強国だからである。ギリシアの方は、都市国家（ポリス）の連合体にすぎず、「デロス同盟」というのを、急遽《きゅうきょ》つくって大国ペルシアからの侵略、侵攻に備えた。

この時、ローマはまだ弱小国である。地中海世界は、ギリシア人とフェニキア人によって共同で支配され、植民地がスペインや北アフリカにまで点々とつくられていた。いや、もしかしたら、ギリシアとフェニキアは同盟《アライアンス》を通り越した、同一の国家だったのではないか？　一心同体と言ってもいい。

これが世界史（学）に向かって、私が投げかける問題提起だ。なぜならこの2つの国の植民都市は、互いに近くにあるか、重なっているからである。ローマが強大になり、この2つを攻め滅ぼしてしまったのだ（BC168年）。

その前の「ペルシア・ギリシア戦争」のときペルシア軍は、地面に大きな丸い輪を描いて、その中に1万人ずつを入れた。これを1個師団（division デイヴィジョン）という。このとき以来、世界中で軍隊《アーミー》の師団《デイヴィジョン》というのは、「1万人の兵士」ということが決まった。一個師団とは兵士1万人の軍団だ。私は軍事学（戦争学）など何も知らないが、きっとこうだ、と決めつける能力を持っている。

こうやってペルシア軍は、50個師団をつくった。だから50万人の兵士が、1万人ずつでぞろぞろと、手にこん棒とか槍とか何か持たされて、ギリシアまで攻め込んでいった。

ギリシア人とフェニキア人の同盟

BC490年のギリシア・ペルシア戦争のときは、ギリシアが簡単に負けなかった。アテネとスパルタを中心にしたギリシア人が団結（デロス同盟）してペルシアのダレイオス1世の軍隊を打ち破った。その時の逸話のひとつが「マラトン（マラトン）の戦い」だ。

マラトンでの戦勝（戦捷《しょう》）を伝令の男が、「戦争に勝ったぞ」とアテネまで走り続けて知らせて、そこでバタリと倒れて死んだ。ここからマラソンという競技が生まれた。このときに40キロメートル走ったのだろう。

ペルシア帝国は、この10年後のBC480年に、もう1回、攻め込んできた。そのときはもう、ペルシアはダレイオス1世の息子のクセルクセス1世に王様が代わっている。

この時、「テルモピレー（テルモピュライ）の戦い」というのがあった。ここでレオニダスというスパルタ王国の王様が、300人の兵士と共に玉砕《ぎょくさい》した。テルモピレーの谷間の山の砦《とりで》に立てこもった。3日間、戦い続けて全滅した。

東洋（オリエント）の野蛮な専制君主（デスポット desupot あるいはタイラント tyrant という）であるペルシア皇帝に勝ったぞ、ということで、以後、この「レオニダス王のテルモピレーの戦い」が、ヨーロッパ白人たちにとって、愛国の英雄の象徴になっている。

のちのアメリカ合衆国だと、テキサス（州）のサンアントニオの「アラモの砦」（1836年）の戦いで、メキシコ共和国軍と戦い玉砕したデヴィー・クロケットたちが、レオニダス王と同じような英雄ということになっている。アメリカ軍の援軍がメキシコ（本当はスペイン帝国軍）を打ち破って、本当はすぐ近くまで来ていたのだが、わざと彼らを見殺しにしたのだ。そしてクロケットたちテキサス独立運動の過激派たちを上手に処分（敵に処分させる）して、テキサスを連邦政府に併合した。

戦争の本質は「余剰人間」の処分

本当の冷酷な人類の歴史の真実を言うと、「余剰な人口」（余っている人間）を消滅させるために戦争をするのである。戦争というものの本質は、都市に寄せ集まってブラブラしている無職の若者を、まとめて狩りたてて、騙《だま》してどこか外国に連れて行って、廃棄処分するということだ。国家による人間の余剰《サープラス》、過剰在庫の処分だ。私の「食べさせてくれ史観」の延長で出てくる。

中国の古代から語られている漢詩に、「古来征戦《せいせん》幾人《いくたり》か回《かえ》る」という有名な1文がある。征戦《せいせん》というのは、外国にまで征伐しに行く侵略戦争だ。大きくは自国を守るためである。征戦して、いったい何人の人が、自分のふるさとに帰り着けたか、という詩だ。すなわち、戦争で連れて行かれた若者たちは、ほとんど死んでしまうということだ。

この若者たちは都市で流民化した浮浪者のような連中だったろう。職がなくて、余剰、過剰になった若者だ。そういう不良たちをうまい具合にかき集めるのが軍隊である。ひどい場合は、〝人狩り〟（マン・ハンティング）で強制徴兵する。

そうやって、中国の清朝《しんちょう》（大清《だいしん》帝国）は、1回の征戦で50万人ぐらいの若者を処分した。

北方のオイラート族とジュンガル部《ぶ》という、モンゴル帝国の残党の遊牧民国を攻め滅ぼした。「古来、征戦、幾人《いくたり》か回る」の漢詩のとおりだ。

都市は、それで何か困ったかというと、別に困らない。都市の犯罪（治安）対策、失業労働力対策になって良かったぐらいのものだ。

大清帝国は、オイラートを滅ぼすのに２００年かかった。そのために多大の出費がかかった。その隙《すき》に、南蛮人（近代西洋白人）が、１５００年代から南の方に現れて、やがて清朝は滅ぶ（１９１１年）。

同じような廃棄処分を近代《モダーン》（１５００年代から）のヨーロッパの王様たちもやった。

国王たちは、治安対策と社会福祉のつもりで、都市流民《るみん》（食い詰め者、乞食、窃盗《せっとう》犯）を捕らえては、囚人《コンビクト》としてアメリカ大陸やオーストラリアや、南アフリカとかに捨てに行ったのだ。殺したりはしない。新大陸（ニュー・コンチネント）に連れて行って「勝手に生きてゆけ」と放った。

アメリカは「清教徒（ピルグリム・ファーザーズ）がプリマス植民地に上陸した（１６２０年）」という建国神話《ミス》（物語）をつくった。しかし本当は、ヨーロッパの強国がその１００年前から、北アメリカ大陸に、囚人たちの植民をさせていた。

だから、戦争というのはそういうものであって、兵士たちはほとんど帰ってこない、半分も帰ってくれれば大したものだ、という感じで出来ている。

ギリシア・ペルシア戦争では、「サラミスの海戦」というのもあった。海の戦いではアテネ海軍が強くて、だいたい、いつも勝った。

その前からギリシア人とフェニキア人（海洋性の商業民族だ）の同盟があった。本当は、ギリシア人とフェニキア人は一心同体ではないのか。

フェニキア（ポエニ）人は、領土・都市は、ペルシア軍に攻め取られても、船団を組んで、海に逃れ出た。だから、滅ぼされない。この「大後方《だいこうほう》（グレイト・バック）があるので、滅ぼされない」ということが歴史の知恵として重要である。背後に深い山岳や、広大な湿地帯（沼地）や海があると、そこに逃げ込めばいいので、全滅しない。これが民族が生き延びる知恵だ。

フェニキア人（船による商業民族。この人々が案外、ユダヤ人の原形であろう）がつくった植民都市の一つが、後《のち》のヴェネツィアだ。観光で有名なヴェネツィア（ヴェニス）は、フェニキア（ポエニ）人の町なのだ。

驚くほど豊かだったアテネ

「ギリシア・ペルシア戦争」のあと、200年経《た》って紀元前300年ぐらいからカルタゴ（フェニキア人）とローマ人の戦いが激しくなる。「カルタゴ戦争」とは、真実は「ローマ対《たい》フェニキア（ギリシア）戦争」なのだ。

シチリア（シシリー）というイタリアの南の島は、マフィアという自衛の生活共同体が今もある島だ。

19世紀初頭にアメリカに移民として渡った貧しいシシリー人たちは、「我々《ノストラ》が生きる大義《コウズ》（Cause）」という意味の「コーザ・ノストラ」Causa Nostra という自衛組織をつくったのだ。シチリア島にはギリシア人がずっと植民都市をつくっていた。アグリジェントの遺跡《ルーイン》が有名である。

イタリア南部と地中海の島々と、スペインの海沿いも、ギリシアの植民都市がずっとあった。同時にフェニキア人の町もあった。

だから、今のモナコ、ニース、カンヌ（この海辺の一帯をコート・ダジュールという）も、一番古くはギリシア人の植民地があったのだ。日本人は名前だけ知っている、ピタゴラス

（イタリアの南端の町で秘義の教団をつくった）とか、アルキメデス（シチリア島のシラクサにいた）という哲学者は、この頃にそういう外地にいたギリシア人だ。

ユークリッド（エウリペディス。アレキサンドリアにいた）とピタゴラスとアルキメデスの3人は有名で、数学の公理《アクシアム》やら物理学の原理《プリンシプル》をつくった人たちだ。みんなギリシア人でギリシア語をしゃべっていた。だけど植民都市にいた。

そこが、勃興してきたローマ人たちに攻め取られていく。ギリシアはフェニキアと固い同盟（本当は同体一体）だったので、ギリシアもポエニ（フェニキア）＝カルタゴ戦争のときに、ローマに攻められて、アテネが陥落している。ＢＣ１４６年とＢＣ１６８年の２回だ。ここに世界史（西洋史）の大きな秘密がある。このことは後述する。

それよりも３００余年前、ギリシア・ペルシア戦争のあと、50年くらいして、ペリクレスという、ものすごくすばらしい、すぐれた指導者がアテネに出た。この人が15年間ぐらい、すばらしい政治をやった。〝元祖デモクラシー（民主政治）〟は、ペリクレスがつくったのだ。これが「アテネの全盛期」だ。そのころにソクラテスもいて〝賢帝〟ペリクレスよりも21歳下だ。

ソクラテスはペリクレス政治を支援して共にデモクラシーのために闘った思想家（フィ

ロソファー）だ。この頃、アテネは驚くほど豊かだった。

だから、このあとのペロポネソス戦争（ＢＣ４３１年からＢＣ４０４年。ギリシア人の内輪もめ）で、アテネがスパルタとの戦争で何回か負けた。といっても、豊かさからいうとアテネにかなわない。

スパルタは軍事国家で、軍人になれる元気な男しか育てないような国だった。スパルタはあまり商業が栄えない山の中の、ペロポネソス半島の谷間にあった。アテネより先に奴隷の反乱で滅んだ（ＢＣ１４６年）。

〝賢帝〟ペリクレス（ＢＣ４９５―ＢＣ４２９年）の民主政治《デモクラシー》は、寛容の精神と人格者である指導者のすばらしい演説の力である。このペリクレスとソクラテスによる〝元祖デモクラシー〟の正統の嫡子《ちゃくし》が自分たち欧米人である、と言いたいのだ。

だから「ギリシア・ローマ文明」（４大文明の次の5番目の文明とする学説あり）を継いだのが、「ヨーロッパ・北アメリカ文明」である、と欧米人は言いたいのだ。

ところが、ギリシアを叩《たた》き潰《つぶ》した（破壊した）のは、なんと後進国（新興国）のローマなのである。ここに世界史（学）の、大きなスキャンダルが隠《かく》されている。ローマ人こそは野蛮人《バーバリアン》である。

「世界史を貫く5つの正義」とは？

私は、この本でずっと、ギリシア文化（と思想《イデー》）が遅れて現われた（BC1000年ぐらいから）が優れていて、中東（オリエント）世界でも優位に立ったのだ、と書き続けた。

その証拠として、すべての古代帝国の知識人層は、ギリシア語で文章を書き続けた。だから『新約聖書』（イエスの物語）も『旧約聖書』（モーセ5書）も、最初からギリシア語で書かれたのだ。これをBC400年代から、AD400年代までの800年間やり続けた。このあとローマ語（ラテン語）になる。

P229の「世界史を貫く5つの正義」の表は、人類（人間）は、突き詰めると、この5大《だい》正義のどれかに依拠しながら今も生きていることを私が描いたものである。

ギリシア人は、1.のポリスの正義（Polis《ポリス》 Justice《ジャスティス》）を何よりも大事な正義とした。それは「公共《パブリック》（みんな）のために働き、闘うこと」が他のすべてに優先する、と考えた。

これが偉大な思想家（知を愛するもの《フィロソファー》）ソクラテスと〝賢帝〟ペリクレスの思想であった。ペリクレスが、人類史上初めて、デモクラシー（民主政治）を実行、実現したギリシアの政治指導者だった。

それに対して、ソクラテスの孫弟子（プラトンの弟子）のアリストテレスは、２．の「分配的正義《ディストリビューティブ・ジャスティス》」が、人間世界では、優先するとした。これは冷酷な経済法則《エコノミック・ルール》を認める「合理《ラチオ》と理性《リーズン》」の考えである。つまり金儲《かねもう》けの欲望を正面から認めた。

のちに、このことをイスラム商人とユダヤ商人とキリスト教商人たちが、ともに狂喜した。アリストテレスの平衡《エクリブリアム》（つり合い）の思想に依《よ》ってで、あまりにもたくさんありすぎる戒律《ドグマ》を、最小限度にしてください、と３大《だい》宗教の商人たちは乞《こ》い願ったのだ。

この現実主義の行動に、イスラム法学者《ウラマー》と、ユダヤ律法学者《ラビ》とキリスト教神学者《セオロジスト》たちは、もはや抵抗できなかった。この動きはＡＤ４９０年に出来た「バビロン・タルムード」の制定の頃から出ていた。金儲け（利益活動）の肯定こそは、３大宗教の信者たち、とりわけ商業（経済）活動をする者たちが強く切望していたことだからだ。

だからＰ２２９のこの「世界史を貫く５つの正義」をよくよく考えることは、まさしく世界史を学ぶことそのものなのである。人間世界のあらゆる場面で、この５つの正義が互いにぶつかり合い、そしてどこかで妥協し、内通することがよくわかる。

世界史を貫く5つの正義

正義 Justice《ジャスティス》についての大きな考え方

1	**ポリスの正義 Polis Justice《ポリス・ジャスティス》** 公共（パブリック）Polisのために闘い、身を献げること。 いわゆる社会正義。ノモス Nomos の法 とも言う。 ソクラテスの思想。
2	**世俗（セキュラー）の正義 Secularistic Justice《セキュラーリスティック・ジャスティス》** アリストテレスが、「ニコマコス倫理学」で決めた、分配する正義 Distributive Justice《ディストリビューティブ・ジャスティス》。 正義とは、正、不正をつり合わせること。損害賠償の考え。 Equilibrium《エクリブリアム》 平衡《へいこう》（つり合い）をとること。
3	**聖職者（坊主）たちの正義 Ecclesiastical Justice《エクレズイアスティカル・ジャスティス》** 神の国 Holy Divine《ホーリー・ディヴァイン》の正義。 パウロが、「正義は信仰のみによって決定される」と言った。 Paul said ,“Justice is decided by faith alone.”
4	**矯正する正義 corrective Justice《コレクティブ・ジャスティス》 福祉の正義** 持たざる者（貧困層）にも分け与える正義。 倫理学 Ethics《エシックス》 としてカール・マルクス（社会主義）の思想もここに入る。イギリスの Equity Court《エクイティ・コート》 平衡《へいこう》裁判所（小作争議、農民闘争を扱った）
5	**オイコス Oicos の正義** この竈《かまど》、台所の掟から経済（オイノミー）の法則が生まれた。奴隷を売買する正義。従業員のクビを切る自由。 強欲（蓄財、利殖）の正義。ユダヤ人 Jews《ジュー》だけが利息を取る貸し付けを認められた。徴税という国家の強制力（政府という強盗）もここだ。お金の爆発的増殖力も。

ギリシア文明はフェニキアから始まった

ギリシアとずっと同盟国であったフェニキアは、共にローマと戦い続けた。フェニキア（ポエニ）の植民地で、ローマが死ぬほど憎んだのがカルタゴ（ポエニ戦争 Phenician War ＢＣ２６４年―ＢＣ１４６年。１１８年間）だ。シチリア島から２００キロメートル南のアフリカ側にある（今のチュニジア国の首都チュニスの近く）カルタゴの、本国であるフェニキアは、今のレバノンである。

帝国になる前のローマと、２００年ぐらい戦争をした。ポエニ戦争だ。フェニキア＝カルタゴ同盟軍の植民地はスペインにもあった。ここから英雄ハンニバルが出てきた。のちのコンスタンティノープルにもフェニキア人の大きな居留地区（港）があった。

私の勝手な想像だが、どうもフェニキア人こそは、今の**ユダヤ人**の先祖なのではないか。ギリシア人とローマ人も、お互いコトバが何とか通じたようだ。ところが文字が違う。ギリシア文字は、キリル文字といって、同じアルファベットだが、Rとかがひっくり返ったような字だ。

アルファベットとは、「アルファ、ベータ、ガンマ……」で、「イ、ロ、ハ」の意味だ。アルファベットは、フェニキア文字だ。

ギリシア語もアルファベット文字であり、ラテン語もその後のヨーロッパ諸語もすべてアルファベットだ。ヘブライ語もアルファベットである。アラビア語はちがう。例のあの……、何だかねぇ……複雑で日本人にはちょっと手が出ない。

ところが、アラビア語をしゃべっているパレスチナ人と、現代《モダン》ヘブライ語を話している今のイスラエル人（ユダヤ人）は、どうも互いに話しコトバとが通じるらしい。この事実は私としては衝撃的である。

だから「何だ。イスラエルとパレスチナは、本当は同じ民族じゃないか」ということになる。書きコトバ（文字）は、異なるが話すと通じる。いったい、真実の世界（史）はどこにあるのか？

フェニキア文字から「1、2、3、4」という現在使われている数字も生まれた。商業民族だから計算力がある。ここが大事だ。すぐに十進法もできただろう。数字記号の始まりは、アラビア語だとか、インド語の方が古いという説は、私はここでは相手にしない。

フェニキア人とギリシア人はどうやら一心同体だ。この考えを、私は、ドイツの大《だい》思想家ニーチェの研究をしていた時に強く感じた。

そして、その成果を『ニーチェに学ぶ「奴隷をやめて反逆せよ！」』（2017年刊　成《せい》甲《こう》書房）に書いた。この本も、できれば読んでほしい。本書と変わらず、私はゾッとするような真実をたくさん暴《あば》き立てるように書いた。

ニーチェが、人間の生き方の理想としたディオニュソス王と、そのお后《きさき》のアリアドネーはギリシア神話に出てくる。このディオニュソスの生き方に、私も深く学んだ。快楽を肯定し、人生を楽しむこと。苦労と隷従、忍耐を拒否する生き方だ。この人生の快楽重視の生き方の発生が、フェニキア（ここが発祥の地）なのだ。

私は、ディオニュソス王の生地は、アナトリア（今のトルコ）やフリギアではなくて、まさしくフェニキアだ、と思う。ディオニュソスは、ギリシアの「オリンポス12神」の神さまなのだ（12神に入れない説もある）。

ということは、後年、ギリシア文明と言われるものは、実はフェニキアが発祥（BC1200年ぐらいから起こった）ではないか。

アレクサンドロス大王の「世界征服」の事実

ギリシア王となったマケドニア人のフィリポ2世

前述した〝賢帝〟ペリクレス（ＢＣ４５０年頃）の理解者で、同志だったソクラテスは、ＢＣ３９９年に毒杯を仰いで死んだ。ペリクレスの死の28年後だ。政敵たちに追及されて死刑宣告を受けたので、自ら死を選んだ。

この時代のアテネを、周りの小都市群を従えた都市国家（ポリス）でしかないのに「アテネ帝国」とする考えがある。だからその指導者で〝独裁官《ディクタトーレ》〟が〝賢帝〟ペリクレスなのだ。

そして理想的なデモクラシー（民主政治）が、一瞬だが、ここで成立した。ソクラテスより40歳若い弟子がプラトンである。そしてプラトンよりも45歳下の弟子が、アリストテレスだ。アリストテレスは、ギリシアの北のほうのマケドニア人Macedonianだ。「マセドニアン」と英語では発声する。

マケドニア人は、ギリシア国の北部の田舎者なのに、軍事力が強くなって、攻め下《お》りて来て、ギリシアを制圧し支配した。それは、ソクラテス、プラトンの時代（ギリシアの黄金時代）から、１００年後のＢＣ３５９年で、アレクサンドロス（アレキサンダー）大王の父親フィリポス２世が、ギリシア王にもなった。

マケドニア人はギリシア人（ヘレネス。同じコトバを話す人たち、の意味。ここからヘレニズムが生まれた）である。

だが、アテネ人たち気位《きぐらい》の高いギリシア人は、マケドニアの支配が不愉快で気分が悪い。それで何度も反抗して暴動を起こした。

アリストテレスは、アレクサンドロス大王の家庭教師（メンター）をしていた（6年間ぐらい）。このために自分もマケドニア人だから暴徒に襲われそうになって、他所に逃げたりした。

ギリシアは、ギリシア・ペルシア戦争（ＢＣ４９０―ＢＣ４６９年）のあとに起きた、ギ

ギリシアの政治家と思想家

政治と思想（フィロソフィー）は両輪である

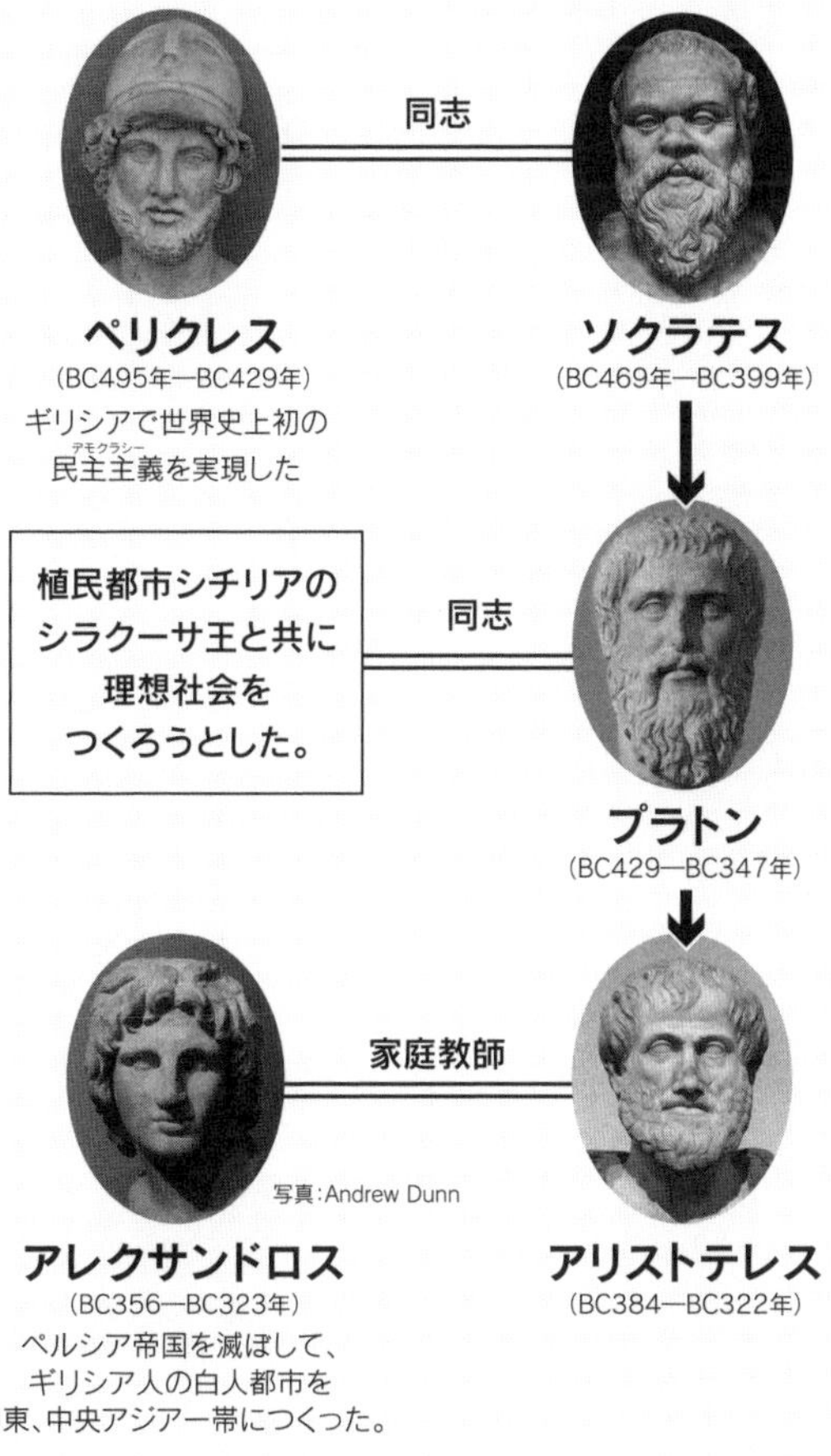

リシア人たちの激しい内紛であるペロポネソス戦争（BC431―BC404年）ですっかり疲弊した。ソクラテスも死んだ。

そのために、マケドニア人が北の方から攻め込んで来てフィリポス2世がギリシア王となった。フィリポス2世は、ペルシア帝国まで攻める、という決断をする（BC337年。ギリシア王になって22年後）。ところが、翌年暗殺された。それで息子のアレクサンドロス（BC356年生）が19歳で王になり、父の遺言を実行した。

アレクサンドロス大王（Alexander the《ザ》 Great《グレイト》）は、紀元前333年（333と覚えましょう）に、イッソスの戦い（もうトルコ領内である）で、ペルシア帝国を打ち負かした。

翌々年には、戦場から逃げたダリウス3世が死んで、イラン高原からのドドドで始まったアケメネス朝（家）ペルシア帝国は滅んだ。

世界の中心・バビロンを目指したアレクサンドロス大王

アレクサンドロス大王は、「333」の翌年、紀元前332年には、もうイスラエル＝パレスチナに入っている。たいした戦争（征服）なんかする必要もない。抵抗を蹴《け》散らし

アレクサンドロス大王

アレクサンドロス大王は23歳の時
イッソスの戦い(BC333年)で
ペルシア帝国を打ち負かした。

ナポリ国立考古学博物館蔵　写真:Berthold Werne

愛馬ブケパロスに乗って戦うアレクサンドロス大王。
ポンペイ遺跡から出土したイッソスの戦いを描いたモザイク壁画の一部分。

アリストテレス(右)の講義を受けるアレクサンドロス

シャルル・ラプラント
AD1866年

て、ズカズカと行進してエジプトに向かった。

パレスチナ（イスラエル）というのは、地中海沿岸の小さな土地であり、帝国どうしの大戦争から見たら、ほんのちっぽけな領土だ。それなのに、一神教（monotheism モノシーズム）を3つもつくって、後の世界に大きな迷惑をかけた。ユダヤ教、キリスト教だけでなくイスラム教も、その思想はここの産物だ。

アレクサンドロスは、エジプトに入って自分の名前が付く都市アレキサンドリアをつくった。アレキサンドリアは、地中海に面している。

アレクサンドロスは、エジプトからその年のうちに引き返して、BC331年には〝世界首都〟のバビロン（後のバグダード）に入っている。のちのバグダードは、このバビロンから100キロぐらい北だ。アッバース朝のイスラム帝国が、AD762年につくって、バビロンから、バクダートに都を移した。

だから、5000年の人類の歴史の中心は、バビロン（のちのバグダード）なのだ。ここが5000年前からの人類の中心だ。決してヨーロッパなどではない。ギリシア、ローマでもない。ギリシア・ローマ文明よりも、さらに2500年古いバビロンが世界の中心なのだ。イギリス（ロンドン）、アメリカ（ワシントン）が〝世界の首都〟として威張ったのは、ほんのこの200年間の話だ。

アレクサンドロスは、バビロンを目指して進んだ。バビロンが世界の中心だからだ。自分たちのギリシアよりも、当時はバビロンの方が大規模で大《だい》繁栄した大都会だったのだ。アレクサンドロスはバビロンで、アケメネス家の娘と正式に結婚している。アテネよりもバビロンの方が格が上だったのだ。

彼は破竹の勢いで、さらにどんどん進んだ。何のために？ 分からない。それが支配、征服というものだから。相手を支配しなければ、自分が支配される。それが人類（人間）という愚かな生き物を貫いている自然法則《ナチュラルラー》だ。

10年間動き回ったアレクサンドロス大王

「アレクサンドロス大王の世界征服」と、昔は教えた。50年前の私が習った世界史の教科書に載っていた。そのように私の世代までは習った。いかにも欧米人を中心としたものの見方だ。

今は微妙に言い方を変えているだろう。いや、今もほとんど変わらないかな。

「世界征服」などと大袈裟《おおげさ》に言うが、実際には、ペルシア帝国の全領土（版図《はんと》）をぞろぞろと、たった10年間、あちこちアレクサンドロス軍は動き回っていただけだ。世界征服などではない。

そして、家来の司令官（将軍）たちが、「もう、ギリシアに帰りたいよー。飽きたよ。こんな神がかりの男に、いつまでも、ついて行けないよー」ということで、アレクサンドロスは将軍たちの共同謀議《コンスピラシー》によって毒殺された（BC323年、32歳で死去）。

本当にたった10年間なのだ。人類史上の大英雄とは、こういうものだ。アレクサンドロスは、わずか32歳で死んだのだ。アレクサンドロスは、中東世界（ペルシア帝国の版図）を、たった10年間動き回り、自分の将軍たちに殺された。

このあと、ディアドコイ戦争（後継者戦争。Wars of the Diadochi BC323—BC281年。42年間）といって、アレクサンドロスの少年時代から一緒に育った仲間だった、幕僚《ばくりょう》の将軍たちが互いに戦争を始めた。

一番強かったのが、セレウコスという将軍で、それがほとんどそのまま中東全部《オリエント》、即ちペルシア（今のイラン）と、メソポタミア、バビロニア（今のイランとシリア）までセレウコス（朝）の領土になった。

アレクサンドロス大王の遠征

アレクサンドロス大王の遠征は
“世界征服”などではない

アレクサンドロス大王は戦争に勝った後の10年間を、ペルシア帝国の領土(約2万キロメートル)をウロウロして回った。何のためか分からない。

セレウコス朝シリア（ＢＣ３１２―ＢＣ63年）は、遊牧民のパルティアに攻められて滅んだ。

このパルティア帝国は、80年ぐらいで、次の「ドドド」が起きて、ササン朝ペルシア（人）に攻められて滅んだ（ＡＤ２２４年）。

ササン朝ペルシアは、４００年後の６５１年に、熱狂とともに湧き起ったイスラム教の軍隊（サラセン軍）に敗れて滅んだ。ササン朝ペルシアは４３０年も続いたのだ。

パルティアもササン朝ペルシアも、やがて西の方で強大になったローマ帝国（ギリシア＝フェニキアを滅ぼした。ＢＣ１４６年）と対決する。何度もローマ軍に攻め込まれている。ところが、なんと攻め込んだはずのローマ皇帝が何人か、途中で川で溺《おぼ》れ死んだり、捕まったりしている。遠くまでゆく遠征軍（エクスペディショナリー）は大変なのだ。ササン朝のあとは、中東はずっとイスラムの世界だ。

アレクサンドロス大王の他の家来たちはそのあとも、中東に居座って、居残っていた。彼らは、中央アジアやインドの北の方（ガンダーラ、カシミール）にまで、アレキサンドリアという名の、ギリシア白人が植民した植民都市を、ずーっと作っていった。

イッソスの戦い（BC333年。アレクサンドロスがペルシア軍に大勝利した）のあとから、ずっと、イスラム教の熱狂が起きた622年まで、このギリシア白人たちの植民都市が、中央アジア一帯にずっと残ったのだ。

私の考えでは、今の中東の焦点（フォーカス・ポイント）になっているクルド人や、ヤズイリー教徒という山岳民族は、アレクサンドロス大王が、現地に遺《のこ》していったギリシア白人たちの末裔《まつえい》なのではないかと思う。

彼らは、テレビの画面で見ていると、金髪や青い目の名残をしている。彼らにはゾロアスター教の強い影響がある。ただのイスラム教（主流のスンニ派）には思えない。クルド人（4つの国に合計2600万人いる）は、どうも、アレクサンドロスが残していった白人種だ。

世界史のウナギの目は中東世界

このように、中東世界《ミドル・イースト》（ここが世界史の中心だ）を大きく捉《とら》えると世界史が分かる。ギリシア・ローマ・ヨーロッパ文明（これを5つ目の文明と数える）の方を中心に教えられるから、私たち日本人は世界史が分からなくなる。ヨーロッパ人が威張り出したのは、たかだか500年前の、1500年代（16世紀）からなのだ。ヨーロッパ人による近代《モダーン》が始まり大航海時代《ザ・グレイト・ナウィゲイション》（世界中を植民地にした）が始まった。

ウナギは目を突くことが大事だ。そうしないと、ウナギを上手にサバけない。ウナギの蒲焼きはできない。

世界史のウナギの目（中心）は、バビロン（バビロニア。今のイラク）なのである。そして、その北の一帯のメソポタミアだ。チグリス川、ユーフラテス川の2つの大河沿いに中東の諸都市はつくられている。今は砂漠化している。

イラク、シリアは近年（2014年6月から）、IS《アイエス》（イスラム国）との戦争で騒がれた。戦争を逃れた、各国からの難民《なんみん》（rfugees、レフュジー）が2000万人ぐらい発生した。このうち200万人がヨーロッパまで渡って、ヨーロッパが大騒ぎになった。世界史（ワールド・ヒストリー）が、今も地球上の同じ場所で繰り返されているのである。現代のシリア、イラクの難民たちは、ホメロスの「オデュッセウス」（トロイア戦争の物語）の英雄（神話）と全く同じ海路で、ギリシアに逃げて来たという。

シリアからの難民の女性たちは、西欧白人たちのような顔をしている。同じアラブ人種にしては、南の方のペルシア湾岸の人たちとは異なる。やはり、アレクサンドロス（BC333《サンサンサン》年）以来の、白人種の移住の残影が、ずっと今に続いているのだろう。

日本にまでやって来た仏像たちは、ガンダーラ仏像（AD200年代に作成）の影響を受けている。日本の仏像《ぶつぞう》（本当はお釈迦《しゃか》さまの像）の、あのパンチ・パーマのちりちり髪（螺髪《らはつ》）は、あれは、ギリシア彫刻の白人のクルクル巻毛から来た。

こういう知識は余計な知識であろうか。私はそうは思わない。これが大きく世界史を分かる、ということだ。

ローマ皇帝とは大勝を強いられる戦争屋

ギリシア語が知識人、役人階級の共通語だった

アレクサンドロス大王の若い将軍（司令官）の1人だったプトレマイオスという男が、「俺はエジプトをもらうよ」と、言ったかどうか知らないが、エジプトの王様になった。プトレマイオス朝エジプトである。

それの14代目が、クレオパトラ女王（Cleopatra VII Philopator　ＢＣ69―ＢＣ30年）なのである。

クレオパトラは、自分のことをギリシア人だと思っていた。彼女はギリシア語を話していた。アレキサンドリアに住む多くの上層市民《シティズン》もギリシア語だ。一般住民は、アラム語

（それの現地方言）だったろう。

そして、ＢＣ48年に〝ゼロ代〟ローマ皇帝（理由は後述する）のユリウス・カエサル（ジュリアス・シーザー）が、政敵ポンペイウスを追いかけて、ここにやって来た。そして彼女にクラクラッとなった。彼女が、あまりにきれいな女で、かつギリシア語をしゃべっていたからだ。二人は本気で愛し合ってしまった。それが権力者にとっては弱点となり、命取りになった。

私がこの本で強く主張してきたとおり、中東世界全体で、ＢＣ３３３年（アレクサンドロス大王のとき）から、ＡＤ４００年代まで７００年間、ギリシア語が使われていた。地中海世界も中東全体も知識人、役人階級の共通語（リンガ・フランカ）は、ギリシア語だったのだ。コイネーという。

ローマ人はギリシア（アテネが中心）を、ＢＣ１６８年とＢＣ１４６年に破壊した。だが、犯人であるローマ帝国の軍人や官僚や貴族たちまでもが、公文書をギリシア語で書いていた。しゃべっているのは、ラテン語（本当はローマ語）だったろう。だが、文章にするときはギリシア語だ。

話し言葉をスポークン・ランゲージ spoken language という。書き言葉は、リトン・ランゲージ written language だ。正書体ともいう。正書体のギリシア語の文章をさらさらっと書けると、それだけで「ああ、この人は大変偉い人なのだ」となった。周りが深く尊敬した。

このことは、中国でも同じである。中国文明（黄河と長江の文明）では、漢文をサラサラと立派な字で書ける人は、それだけで偉い人だとされた。軍人（将軍、彼らは暴力団の大親分）たちでも、この文人《ぶんじん》＝士大夫《したいふ》である、立派な漢文が書ける人間（坊主を含む）を土下座するように尊敬したのだ。

このことは日本でも同じで、平安時代、室町時代まで、漢籍《かんせき》（中国文）が読めて漢文でサラサラときれいな文章を書ける人は、それだけで大秀才として尊敬された。だから、日本も中国《チャイナ・シビライゼイション》（東アジア）文明の一部であり、漢字の四書五経《ししょごきょう》（儒教《じゅきょう》の聖典）を中心とする幻想の共同体（イマジンド・コミューニティ）の一員なのである。

儒教のことは、英語では、Confucianism（コンフューシアニズム）と言って「孔子（Confusius《コンフューシャス》）の教え」という意味である。

孔子は、ソクラテスより83歳上である。お釈迦さま（ゴータマ・ブッダ）は、孔子の11歳上である。この3人は世界史上の同時代人《コンテンポラリーマン》なのだ。このように世界史を大きく見てゆくのである。

古典時代には、人間がしゃべっていることをそのまま書く、という文化はなかった。今は言文一致《げんぶんいっち》といって、しゃべっているとおりそのまま書く。昔は全く違った。字（文章）が書ける人は、それだけで大秀才か官僚であった。

ギリシアに頭が上がらなかったローマ貴族

中東そして地中海（西洋）世界で、共通の上級語であったギリシア語が廃《すた》れたのは、ＡＤ６００年代だろう。その頃からラテン語（本当はローマ語）が威張りだした。やがてラテン語で書かれる文章がヨーロッパ知識人の間で立派な文章、ということになった。ギリシア語は西欧では忘れ去られた。

『ガリア戦記』は、カエサル（シーザー〈ＢＣ１００―ＢＣ44年〉）が、40歳から10年間、フランス（ガリア）やブリタニア（イギリス）にいた原住民であるゲルマン諸族（のちにフランク王国を作る）に対し、次々に戦争をして、何万人もさらに何万人もたくさん殺したという大げさな文章だ。本当は、一回の戦闘で死者は何百人かだろう。いろんな部族の名前が出てきて繁雑である。大《だい》戦争（帝国と帝国の戦争）でなければ何万人も死なない。

この『ガリア戦記』は、元老院《セネトー》への報告書（BC51年刊）であり、ラテン語の最も美しい文章ということに、今はなっている。

だが、カエサルは、ただの軍人で、教養がそんなにあるわけがない。その頃の正式の文章はギリシア語で書かれている。

ラテン語（ローマ語と言うべきだ）で書かれた他の名文は、キケロとセネカの演説文やヴェルギリウスの歴史書『アエネイス』である。

当時のローマ貴族たちは、ギリシア知識（智恵、哲学）に頭が上がらなかった。それなのに、ギリシアの諸都市を攻めて破壊した（BC168年とBC146年の2回）。そしてギリシア貴族たちを戦争捕虜として連れて来て、自分たちの子女の家庭教師にした。ギリシア人に対するものすごい劣等感があったのだ。

カエサルがクレオパトラと結婚したのは、エジプトの財宝が欲しかったからだ。この理由もある。

エジプトは、紀元前3000年からの帝国（31王朝がある）である。ローマのような新《しん》参者《ざんもの》（新興国）とは格《クラス》がちがう。それを終わらせたのはアレクサンドロス大王である。

カエサルとクレオパトラ

ユリウス・カエサル
(Julius Caesar　ジュリアス・シーザー)は、
ローマ帝国の"ゼロ代皇帝"だ
(BC100－BC44年。56歳で
死去)。

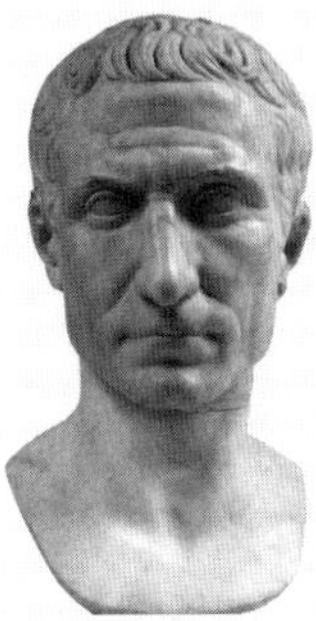

『カエサル像』
BC27～BC20年頃
ヴァチカン美術館蔵

カエサルは、
ギリシア語を話した
クレオパトラに参ってしまった。

『クレオパトラを
エジプト女王へ
据えるカエサル』
ピエトロ・ダ・コルトーナ
AD1637年

エジプトのナイル川から出る大量の砂金を奪い取って、ローマ帝国は金貨を造った。だからエジプトから出る砂金がものすごく重要だった。それ以外に銀や銅でも貨幣《コイン》を造る。ところが後《のち》に、落ち目で貧乏になったローマ帝国は、鉄で貨幣を造った。

鉄は何年かしたら、手あかなどで、さびて、ぼろぼろになって崩れる。鉄をまぜたら、貨幣（硬貨《コイン》）は終わりだ。銅は錆《さ》びてもまだ残るが腐食する。金と銀は腐食しない。だからエジプトの金《きん》でローマ帝国は保《も》ったのだ。エジプトの金が入手できなくなったとき、西ローマ帝国は滅んだ（AD476年）。

カエサルと並んで行進したクレオパトラ

イスラエル＝パレスチナ人は、バビロン捕囚（BC586年）から48年後に帰ってきた（BC538年）あとも、ずっとアケメネス朝ペルシア帝国の支配下にあった。

それから200年後に、アレクサンドロスという、神がかりの勇猛な青年王（19歳で王。32歳で死）の出現によって、イスラエル＝パレスチナは、ギリシア文化圏に入り、それから200年経って、次はローマ帝国に支配されて、その属州（プロバンキア）となった。

ＢＣ53年に、ポンペイウス将軍が、今のシリアのパルティアという帝国を攻めた。今のモスルとか、ラッカとか、あの辺りだ。

ユーフラテス川とチグリス川の川沿いの大きな都市だ。その帰りに、ポンペイウスはすでに自分が10年前（ＢＣ63年）から占領して自分のものにしていたパレスチナに戻ってきた。ここからパルティア帝国への攻撃を仕掛けたのだ。

ポンペイウスは、ローマで政争（権力闘争）に敗けてカエサルに追いかけられて、パレスチナまで逃げて来て殺された。カエサルはこのあと、エジプトに自分の支配地を広げるためにやって来た。そしてクレオパトラ女王と会談して、二人は恋に落ちた。ＢＣ48年だ。

このときカエサルは52歳でクレオパトラは21歳だ。31歳の年の差だ。そして彼女をローマに連れて帰ってきた。

これは凱旋《がいせん》（勝利した軍隊の帰還）である。だから、占領されて降服した国の王は見せ物として檻《おり》に入れられて、行進させなければいけない。

たとえば、パルミュラ国（シリアの真ん中にある。最近、ＩＳによる遺跡破壊で騒がれた）のゼノビア女王は、手を縄《なわ》で縛られてローマを歩かされた（ＡＤ２７４年）。

それなのに、クレオパトラは、カエサルと並んでローマ市内を堂々と行進した。ものすごく嫉妬《しっと》された。だから、このあと後継者のアントニウスとともに死ぬこととなるのだ。

カエサルが殺されたのは、ＢＣ44年で凱旋《トライアンファル》の3年後だ。クレオパトラは、抜け目なく、カエサルの次の権力者になったアントニウス（Marcus Antonius ＢＣ83―ＢＣ30年　英語ではアントニー）と付き合った。二人は13年付き合った。この辺りは、ハリウッド映画の歴史名作『クレオパトラとアントニー』（１９７2年作）によく描かれている。

アントニウスは、オクタウィアヌス（Octavianus Augustus、ＢＣ63―ＡＤ14年）という、ずる賢いが、思慮深い男との闘いに敗れた。この男からローマは帝国《エムパイア》になった。

アレキサンドリアの目の前の海であるアクティウムの海戦（Battle of Actium ＢＣ31年）で、アントニウスはオクタウィアヌスに負けた。クレオパトラとアントニウスは、相次いで自殺する（ＢＣ30年）。

〝ゼロ代皇帝〟カエサルは戦争屋

このあと、オクタウィアヌスは、アウグストゥスという称号をローマの元老院からもらって、初代ローマ皇帝になった。他にプリンケピア（抜きん出た者）という称号も与えられた。それがＢＣ27年だ。このときからローマを帝政《ていせい》といいローマは帝国になった。

ＢＣ27年（帝政の始まり）に、オクタウィアヌスは、家来の軍人たちから「インペラトーレ」の称号で呼ばれた。このインペラトーレというのは、もともとは「階段の下」という意味である。「陛下」とは、「宮殿の陛《へい》（きざはし）の下にいる私たち」という意味である。

だから、家来の兵士たちが、「きざはし（階段）の上におられます、高貴なあなた様に申し上げます」という。そこから来た尊称だ。この陛下《へいか》がインペラトーレ（エンペラー）で、漢字（中国語）の皇帝（ファンディエ）にぴったり相当する。

このオクタウィアヌス＝アウグストゥスが、ものすごく悪賢く優れた政治家であった。この男がその後のローマ帝国の４００年の基礎をつくった、といえる。

するとカエサルという大英雄の地位はいったい何か。

私は考えた。実質的にカエサルが初代ローマ皇帝だ、と、世界中の人々が思い込んでいる。それだったら、カエサルは〝ゼロ代皇帝〟ということにしたらいいと提案する。これで納得がゆく。

ローマの皇帝《エンペラー》というのは、元気で戦争に強いが、ローマ貴族の中では、貧乏貴族だ。

暴れ者たちを何万人も統率することのできる、暴力団の大親分みたいな人間でなければならない。

ローマ皇帝というのは、年表を見ていると、4、5年でどんどん、とにかく短期間で代わってゆく。だいたい殺される。長くて在位20年だ。

世界中あちこちで戦争をし、反乱を鎮圧、平定して回り、さらに領土を拡大して来い、という任務を与えられた人間だ。この事実を日本人は知るべきだ。だから本当は、ローマ皇帝に本当の政治権力はなかったのではないか。帝政（帝国）になっても元老院（Senatus セナトゥス）の議員である大領地を持っている老練で狡猾《こうかつ》な元老《セネタ》たちが実権を握っていた。これが今のアメリカの上院議員（Senaters セネターー）の原型である。

皇帝はとにかく戦争屋だ。ガリア（今のフランス）とか、ブリタニア、ゲルマニアを制圧しに行くか、北の方のダキア（現在のルーマニア）、トラキア（現在のブルガリア。ギリシア、トルコの一部も）とかで蛮族の南下をくい止める。そして東の方のパルティア（アッシリアの後継の帝国。今のシリアや北イラク）を攻めた。

年がら年中、戦争ばかりしていなければいけない、それが皇帝だ。大勝して帰ってきたら凱旋門《がいせんもん》を通る。その将軍が皇帝になる。負けたらそれでおしまい。そういう役割だ。

ローマは帝国か、共和国か

皇帝が引率するローマ軍の兵士たちは、人殺しの専門家で暴れん坊たちだから、平時は、何をするか分からない。だから、ローマの市内には入れなかった。

カエサルが、「賽《さい》は投げられた」と有名なコトバでこの禁令を破った。ルビコン川（小さな川らしい）を渡って、ローマ市内に軍を率いて入った。権力奪取のクーデターである（BC50年）。

彼はそのあと、元老院を自分の支配下に置いた。だが、カエサルは、6年後にその元老院の議場で刺殺された。議員のブルータスたちに「この男は、独裁者（ディクタトーレ）だ」と。そのときの、カエサルの死ぬ間際の「ブルータスよ、お前もか（信頼していたお前までが、私に謀反《むほん》して、私を殺すのか）。ならば倒れよ、カエサルよ」という、これも有名な言葉となって今に伝わる。イギリスのシェイクスピアの劇作『ジュリアス・シーザー』（1599年作）の言葉だ。

だから、古代ローマはBC27年から帝国になった、共和政（リパブリーク）は終わった、というけれども、本当は帝国なのか、リパブリック（共和国、republic 国王がいない議会代表制の国家のこと）なのか分からない。元老院はずっとあった。

英国の歴史の大家のエドワード・ギボン著の『ローマ帝国衰亡史《すいぼうし》』"Down《ダウン》 and《アンド》 Fall《フォール》 of《オブ》 Roman《ローマン》 Empire《エムパイア》"に敬意を払って、ローマ帝国という表記が世界の歴史学界で認められている。

歴史学者たちにとっては、今でもローマは共和国であったのか、帝国であったのか、分からないのである。だから「ローマ帝国」などと軽率に書いてはいけない。

だけど、そんなことを言ってもなぁ、困ってしまうよ、となる。

戦争で人間を皆殺しなどできない

帝政の前の数百年の間は、ローマは共和政（republic《リパブリーク》）だった。元老院（大《だい》土地貴族たちの集合体）が治めていた。カエサル（シーザー）の出現よりも１００年前のＢＣ１６８年に、ローマはアフリカ北岸のカルタゴとの熾烈な戦い（ポエニ戦争＝フェニキア戦争）でフェニキア＝ギリシアとカルタゴを攻め滅ぼした。

地中海全体にネットワークを持っていたフェニキア人のカルタゴの都市を徹底的に破壊

し、塩をまいて二度と立ち上がらせなかった（BC146年）。

だがカルタゴは復活する。何十年かたつと、ぞろぞろと人々が帰って来て、また暮らし始める。歴史とはそのようなものだ。

都市や国家が全滅した、と歴史の本は書くが、死んだのは主に戦闘に参加した人たちであり、避難民は死なない。日本の広島や長崎も復興した。

皆殺しは実際にはできない。大空戦《エアレイト》でも原爆投下でも、そのあとたくさん日本人は生き残る。これと同じことである。このことを、繰り返し強調して書いているのが、前述したシュロモー・サンドの『ユダヤ人の発明《インベンション》』（2008年刊　日本語訳は、『ユダヤ人の起源』）である。戦乱のあとも人々はずっと生き残るものなのである。

戦闘員（戦争参加者）たちの多くは死ぬ。生き残ったら捕虜《プリズナーズ》になる。古代では、奴隷《スレイブ》としてセリにかけられて、農場や城造り用に売れられてゆく。親族が身代金《みのしろきん》を払えた指導者や軍人たちは釈放された。それが、どこの国でもあったことで、日本の戦国時代もそうだ。

ローマのアテネ破壊が西欧最大の恥部

ローマ人がパルテノン神殿を壊した

ポエニ戦争の最中に、ギリシアのアテネの、あの壮大なアクロポリスの丘の、あのパルテノン神殿を燃やして壊したのは、ローマ兵たちである。〝世界最高級の遺産〟を叩き壊したのは、ローマ人なのだ（BC168年）。

BC200年代に、ギリシアは「アカイア同盟」で団結していた（BC280年に結成）。ギリシアはフェニキアと共に、地中海全体に植民地（都市《ポリス》）を作っていった。

第1回目のローマ・ポエニ（カルタゴ）戦争（BC264―BC241年）は23年間戦った。ローマがシチリアを奪い取った。両者は和議《わぎ》（停戦）して決着はつかなかった。

スペインのフェニキア植民地のカルタゴ・ノヴァ（新《しん》カルタゴ）の港都市を経営し統治していたのが、ハミルカス・バルカ将軍だ。この人の息子が、ハミルカス・ハンニバルである。

英雄ハンニバルが、第2次カルタゴ・ローマ戦争を始めた（BC218年）。この年のうちに、象39頭を引き連れて、アルプス越えをしてローマに向かって進撃した。

2年後には、カンネー（カンナェ）の戦いで、8万人のローマ軍を打ち破った（ローマ兵5万人が死亡）。カンナェは、ローマ市よりもずっと南だ。ハンニバルはぐるっと回り込んで、防御の薄い南の方からローマを攻略しようとした。

ローマ（この時はまだ共和政《リパブリック》）に恨《うら》みを持っていた周辺の諸民族が、ハンニバル側に付いて戦った。そして勝った（BC216年）。

しかし、ローマを攻めて落とすことはできなかった。この2年後（BC214年）に、ギリシア（マケドニア王）のフィリポス5世がローマと激突した。しかし、決着はつかなかった。

この事実から分かることは、ギリシア（人）は、まさしく同じ時にローマと戦っていた。

フェニキア（人）と固く結束していたのだ。

この12年後に、ハンニバルは、都のカルタゴが危ない、ということで戻っていた。そして、カルタゴの南の郊外、ザマで戦い（ＢＣ２０２年）大敗北する。

ローマの将軍、大《だい》スキピオがハンニバルに勝利した。和議《わぎ》（講和条約《ピース・トリーティ》）を結んだ。それから32年後が、運命のＢＣ１６８年で、カルタゴ陥落ではない。ギリシア（アテネ）の陥落である。

カルタゴは、それよりも19年後のＢＣ１４９年に陥落している。ＢＣ１６８年（私たちは、今こそこの年号を覚えるべきだ）に、ギリシアのアテネが決定的に陥落してパルテノン神殿までが壊された。

だが、話は少し複雑で、カルタゴが陥落したＢＣ１４９年の、３年後のＢＣ１４６年に、ギリシアはすでに一度、陥落している。ギリシアの「アカイア同盟」は解体され、アテネも占領された。

アカイア同盟の指導者だったギリシア人の諸都市の貴族たちは、首に縄をかけられてローマに連行された。不思議なことに、世界史（学）ではこの年を、「第3次ポエニ戦争の終結」という。パルテノン神殿をローマ兵が燃やして壊したのは、それよりもなお22年前のBC168年である。

このBC168年、ギリシア（マケドニア）の最後の王ペルセウスが、ローマと戦い大敗した。ギリシア全土がローマ軍に支配された。

この大きな真実を、今も欧米の白人歴史学者たちは書きたがらない。だから、「BC168年、アテネ、ローマ軍により陥落」と世界史年表《クロニクル》（日本の東大系の歴史学研究会の『岩波世界史年表』（1994年初刊）にさえ載っていない。

だから、これは世界史学《がく》のスキャンダルであり、恥部《ちぶ》である。

私は「アテネ（ギリシア）を破壊したのは、ローマだ。以後、ギリシア文明が栄えることはなかった」という事実を、20年ぐらい前に知った。今もこの世界史学の恥部について調べている。


私はしつこく書くが、ローマ軍は、ギリシア各都市（アテネを含む）の貴族、官僚たち数千人（彼らがアカイア同盟の幹部たち）をローマに戦争奴隷として連行した。そして一部はローマの貴族の邸宅で、子供たち（子弟）の家庭教師《チューター》にした。

ローマ人はギリシア語と、ギリシア文化、文物《ぶんぶつ》、思想（フィロソフィー）に憧《あこが》れ、敬《うやま》い、劣等感を抱いていた。ローマ人にとって、ギリシア文化は、圧倒的に立派で優等で高品質なものであった。だから、ローマの貴族、高官、僧侶たちは、ギリシア語を話し、ギリシア語で書いた。

これと全く同じことが、同時代（BC200年—AD400年代）の中東（オリエント世界）で起きていた。だから、『新約聖書』も、『旧約聖書』（モーセ5書）も、最初はギリシア語で書かれていたのだ。ヘブライ語ではない。ヘブライ語ができたのは、ずっとあとだ。

どこの民族《ネイション》も国家《ネイション》も「私たちは古い。古い。古くからの民族だ」と言わないと、気が済まない。ずっと古くから在《あ》ったように見せかけるのだ。これをアンティーク antique ということを、第1部のP120、121でベネディクト・アンダーソン著『想像（幻想）の共同体』から引用した。

ギリシア文化をドロボーしたローマ人

私は40年前（25歳のとき）に、初回のギリシア旅行で観光客としてアテネのアクロポリスの丘に上った。

アテネのアクロポリスの丘に建つ パルテノン神殿

ローマ軍によるパルテノン神殿の破壊は
ヨーロッパ人の最大の恥部だ

写真：Shutterstock

ギリシア人に強い劣等感を抱いたローマ人が
BC168年に壊した。
ローマ帝国は、ポエニ（フェニキア）戦争で
ギリシアとフェニキアの両方を打倒して、
地中海をわが物にしたのである。

そして、パルテノン神殿を見た。そのとき、「誰がいったい、こんなにボロボロに、見るも無残に破壊したのだろうか？」と強く疑問に思った。どこにも書かれていなかった。犯人はローマ人だったのだ。ギリシア人に強い劣等感を抱いて、何でもかんでもギリシアからドロボーして真似したくせに。

ついには、「オリュンポス12神」まで真似して、ローマ式に名前を変えて、ローマ人は自分たちの神々をつくった。

ゼウスをジュピター。アポロンをアポロに。アテネをミネルヴァ。アルテミスをダイアナ。ヘ（エ）ルメスをマーキュリーに。そして、ディオニソスを酒神バッコ（カ）スに。何ということか。

このようにして世界帝国＝世界覇権国（ヘジェモニック・ステイト）は次々と移ってゆく。たとえば、19世紀の１８１５年。フランスのナポレオン（一代限りだったが本物のヨーロッパ皇帝）を打ち倒したときからの、１００年間が大英帝国《コモンウェルス》（イギリス）である。

そして20世紀に入ると、覇権はアメリカに、帝国は移った。１９１４年から世界覇権《ヘジェモニー》をイギリス帝国から奪い取った。

この年に出来たばかりのＦＲＢ《エフアールビー》（連邦準備制度理事会。アメリカの中央銀行）の支配権が英ロスチャイルド財閥から米ロックフェラー財閥に移った。

そしてこの１９１４年はまさしく第１次世界大戦が始まった年である。ヨーロッパは大きく騙《だま》されてヨーロッパが焼け野原になった。第２次世界大戦も同じだ。

このように、ちょうど１００年間ずつで世界の覇権《ヘジェモニー》サイクルは回ってゆく。そして次の１００年が経《た》った（２０１４年）。

おそらく、あと6年の、２０２４年ぐらいに、次の世界覇権は、アメリカ合衆国から中華人民共和国へ移るだろう。中華帝国はすでに復活している。

おわりに

世界史の勉強が小さなブームになっている。

中学、高校生だったとき以来、世界史の勉強のし直しなど普通の人はしない。みんな自分の人生（生活）の苦闘で精いっぱいだ。私たちは日々押し寄せる生活の荒波の中で、もがき、苦しんでいる。それでも、文化、教養を身に付けるために、私たちは世界史の知識を本から学び直すことは必要だ。

歴史の勉強は奥が深い。と言ってしまえば、それで何か言った気になる。歴史は、過去の人間たちの恥多き過《あやま》ちの蓄積、集成の記録である。

「ああ、あのとき、あんなこと（決断、判断）をしなければ、よかった。そうすれば私は生き延びていただろうに」と、敗北して殺されていった権力者たちは思うだろう。私たちの人生の悔悟《かいご》と似ている。

自分なりの世界史（人類史）の全体像を概観（アウトルック）する本を書こうと思い立ったのは、3年ぐらい前である。自分が16歳の時、山川出版社の『高校世界史B』の教科書で習って以来、自分の世界の歴史の知識を、私はずっと、自分なりに知識を増やし、組み立て直して、反芻《はんすう》して作り変えてきた。それをさらけ出して、世に問うべきだと考えた。

自分自身の独自の世界史の本を書こうと発起《ほっき》したら、私の頭に天《てん》から多くのことが降ってきた。高校2年（16歳）で世界史を習った時以来、自分の頭の中にずっと在《あ》った多くの疑問が、なんとか解明された。私の疑問は、中学2年生（13歳）の社会科の授業の時から始まっていた。

50年前の文部省検定済《ずみ》の社会科の教科書に、「現在の東欧（東ヨーロッパ諸国）はソビエト連邦の衛星国《えいせいこく》（サテライト・ステイト）である」と書いてあった。

私は、教師に、「それでは、日本はアメリカの衛星国ではないのですか」と聞いた。教師はおどおどして私の質問に答えることはできなかった。

この時から、私の頭の中で、「日本はアメリカの属国、従属国である」（『属国・日本論』1997年刊）の萌芽《ほうが》があった。そしてそれから21年経ったこの本で、「世界史は、周《まわ》りに従属国を従えた帝国と、別の帝国とのぶつかり合いだ」を描くことができた。

50年間、自分がずっと考え込んで分からなかったこと（疑問点）を、この数年で調べ直すことが多かった。この本を書き上げてみたら、当初の目論見《もくろみ》だった「世界史の勉強をし直しの本」では済《す》まなかった。多くの疑問点が、この本を書くことで解明された。

私は、「自分の思考に大きな枠組《フレイムワーク》みを作ること」という言葉を大事にして長年、使ってきた。今回私は、世界（歴）史という既成の学問と出版分野の枠組みを企図《きと》せず使うことで、自分自身の「額縁《がくぶち》ショー」を作ることができた。

この本で、私は、世界で通用している最新の世界史知識をたくさん書いた。世界で認められている現在の超一流の歴史学者たちの知見を、日本に初めて体系的に初上陸させ、紹介することができた、と自負している。

最後に。この本を完成するに当たって、日本文芸社の水波康編集長とグラマラス・ヒッピーズの山根裕之氏の多大な協力、ご支援をいただいた。水波氏が強く私の背中を押して強引に急《せ》かさなければ、この本は出来なかった。記して感謝します。

２０１８年10月

副島隆彦

[著者紹介]

副島隆彦（そえじま たかひこ）

評論家。副島国家戦略研究所（SNSI）主宰。1953年、福岡市生まれ。早稲田大学法学部卒業。外資系銀行員、予備校講師、常葉学園大学教授等を歴任。政治思想、金融・経済、歴史、社会時事評論など、さまざまな分野で真実を暴く。「日本属国論」とアメリカ政治研究を柱に、日本が採るべき自立の国家戦略を提起、精力的に執筆・講演活動を続けている。主な著書に、『属国・日本論』（五月書房）、『世界覇権国アメリカを動かす政治家と知識人たち』（講談社＋α文庫）、『迫りくる大暴落と戦争“刺激”経済』（徳間書店）、『金儲けの精神をユダヤ思想に学ぶ』（祥伝社新書）、『傷だらけの人生』（ベスト新書）、『トランプ大統領とアメリカの真実』（日本文芸社）などがある。

●ホームページ「副島隆彦の学問道場」 http://www.snsi.jp/

日本人《にほんじん》が知《し》らない　真実《しんじつ》の世界史《せかいし》
2018年11月10日　第１刷発行

著者
副島隆彦《そえじまたかひこ》
発行者
中村　誠
DTP
株式会社キャップス
印刷所
図書印刷株式会社
製本所
図書印刷株式会社
発行所
株式会社日本文芸社
〒101-8407 東京都千代田区神田神保町1-7
TEL.03-3294-8931［営業］, 03-3294-8920［編集］
＊

Printed in Japan　ISBN978-4-537-26194-3
112181026-112181026Ⓝ01（405066）
編集担当・水波 康

URL　https://www.nihonbungeisha.co.jp/